仕組まれた円高

ベンジャミン・フルフォード

青春新書
INTELLIGENCE

はじめに

「円高」に注目が集まっている。

対ドルで八〇円台の壁が破られ、七〇円台に入り、一ドル五〇円を予測する専門家もいる。対ユーロでも一〇〇円台の壁が崩れた。しかし、私はまったく驚いていない。長期的に見て、為替が「円安」だったことなど一度もないからだ。

ニクソンショック以降、ドルはその価値を失い続けてきた。

そして、リーマンショックの前後から、ドルは二種類に分かれた。

初めて耳にする読者も多いかもしれないが、いま世界に流通している基軸通貨ドルには、「価値の裏づけのあるドル」と「価値の裏づけのないドル」があるのだ。

「価値の裏づけのあるドル」は従来通り、世界中のあらゆる商取引で決済通貨として役立っている。だが、「価値の裏づけのないドル」は、アメリカ国内と一部の親米従属国家だけで通用するローカルな通貨に成り下がった。

困ったことに、この二種類のドルは見た目も手触りも変わらない。

異なるのは、ドルを創り出している製造元と、紙幣やデータに記された番号であり、符《ふ》牒《ちょう》だ。同じ顔をしたリアルマネーとフェイクマネー。私たちのあずかり知らぬところで、ドルを巡った闘争が繰り広げられ、ドルは二つの顔を持つようになった。

なぜ、こうしたかい離が起きたのか。

原因はアメリカ……具体的には米連銀（ＦＲＢ）と、それを動かす勢力にある。

一例を挙げると、ＦＲＢはリーマンショック後、議会の承認を得ることもなく、秘密裏に八兆ドル近いドルを創り出し、アメリカの銀行に与えた（昨年、この事実はブルームバーグによって暴露され、ウォール街でのデモの火種となった）。

名目は金融システムを守るためだった。だが、その後に続いたＱＥ（量的緩和）、ＱＥⅡ（量的緩和第二弾）によって、世界はあふれ返るＦＲＢのドル（フェイクマネー）に辟易し始め、ドル離れが一気に加速した。

当初はイギリスなどがバックアップすることで、ドルのかい離はなんとか防がれていたが、中国やロシアがＦＲＢのドルをボイコットしたことで、「価値の裏づけのないドル」の存在がハッキリ浮かび上がってしまった。

その結果、ドル（リアルマネー）はこれまで以上に輝きを失った。

一方、日本はデフレで通貨価値が上がっている。極端な話、ドルの預金をすべて円預金に替えておけば、放っておいても価値は上昇していく。そこで、世界中の富裕層は手持ちのドルやユーロを円預金に切り替えている。

日本製品は苦戦をする中で、円だけが買われていく異常事態となっている。それが、この急激な円高のカラクリだ。もちろん、その背景にはドル、ユーロ、それぞれが崩壊するという未来予測も大きな影響を及ぼしている。

古い体制の崩壊が目に見えるようになってきた

世界は今、ポールシフトの真っただ中にある。

ウォール街で、EUで、そして日本でも、金融資本家たちが四半世紀かけて布教してきたグローバリゼーションに綻びが生じ、人々がマネーの濁流に翻弄される金融の仕組みに対して抗議の声が上がっている。

モニター上に表示されるバーチャルなマネーを使い、格差を広げ、富をかき集めていく金融資本家と、その背後にいる闇の支配者たち。リーマンショック後の混迷の中で、私たちは自分たちが巻き込まれた理不尽なカラクリに気づいてしまった。

サブプライムローンをはじめ、金融資本家たちが私腹を肥やすために開発してきた複雑な金融派生商品。その正体は、難解さで法の規制の外に逃れた「バクチ」にすぎない。通常、個人がどれだけバクチで負けようと、その責任は本人が負うものだ。

仮に私がFXにはまり、実業で手抜きをし、金融の仕組みに肩まで浸かり、失業したとしよう。運用という名のバクチはうまくいかず、モニター上のマネーは実業で賄いきれないほどのマイナスを膨らませていく。

それでも家族には「大丈夫だ。いざとなれば、ベストセラーを書けばいい」と未来の明るい展望を示しながら、裏で友人から金を借りる。そのうち貸し手がいなくなり、一回や二回しか会っていない知人にも電話をかけていく。

「ベンジャミン・フルフォードです。すごく困っている。三、四万でもいいから貸してくれないか」

渋々ながら出してくれる人もいるだろう。しかし、その人との縁もそれまでだ。

私は負けを取り戻そうと、よりレバレッジをかけた取引を行い、さらに泥沼にはまっていく。手元にある時計やクルマといった数少ない実物の財産を切り売りし、家族に愛想を尽かされながら、醜い時間稼ぎをする。

だが、いずれはタイムアップの笛が鳴る。そのとき、私は家族も家も、手を差し伸べてくれる友人、知人も失い、丸裸で路上に放り出されるだろう……。

リーマンショック後、世界中で連鎖している危機の本質は、このたとえ話と同じだ。

ただしよりスケールが大きく、タチが悪い。

なぜなら、バクチで損を出したのが大銀行だった場合、金融資本家のスポークスマンと化した政府は「公金で救済せざるをえない」といい出し、責任の所在をうやむやにする。大銀行の倒産は通貨や国債の崩壊につながり、全世界の一般市民の全員が巻き添えになるからだ、と。

将来への不安と恐怖で脅しつけ、国民にバクチで積み上がった損失の穴埋めを求める。

これはおかしな話だ。

闇勢力が日本の個人資産に狙いをつけた

たとえば、アメリカの連邦住宅抵当公社ファニーメイ。そのCEOだったフランクリン・レインズはサブプライムローン危機の責任を問われ、下院委員会でこう答えている。

「住宅ローンは複雑で、私は今でも仕組みがわかっていない。一般人には理解できないものだ」

トップはバクチに加担した責任を認めず、苦しい言い逃れに終始する。それでも二兆ドル近い公的資金によって救われたのは、ファニーメイとフレディマックの二社がバクチの「カタ」を取られると、ゴールドマン・サックス、バンク・オブ・アメリカ、シティバンクといった大銀行にも深刻なダメージが広がっていくからだ。

また日本国内でも、ファニーメイ、フレディマックの販売したデリバティブ関連債券を多くの金融機関が購入している。表沙汰になっているだけでも、農林中金が五兆五〇〇〇億円、三菱東京UFJ銀行が三兆三〇〇〇億円、その他生保、証券会社なども含め、合計で二三兆円が金融派生商品というバクチに注ぎ込まれているのだ。

金融資本家とその背後にいる闇の支配者たちは、〝より大きな危機を引き起こさないために、公的資金の注入は仕方がない〟という世論を形成していく。そして、私たちからかすめ取った血の通った税金で損失の清算を先延ばしにすると、再びマネーを踊らせ、私腹を肥やし始める。

ギリシャで、イタリアで、アメリカで起きている危機も、本質はなんら変わらない。

彼らはバクチにしくじると、薄く広く国民から富を奪い、時には独裁者と呼ばれる人物を民主化というグローバリゼーションを装っては殺害。ムバラクが、カダフィが貯め込んだ富をかすめ取り、急場をしのいできた。

そして、強欲な金融資本家と、その背後にいる闇の支配者たちは、日本人が汗を流して積み上げてきた富にも狙いを定めている。とかく農業問題がクローズアップされるTPPだが、日本に参加を呼びかけるアメリカ（と、その背後にいる金融資本家と闇の支配者たち）の狙いは、むしろ、日本人の貯蓄や保険制度、知的財産権にある。

彼らはかすめ取れるところからかすめ取り、騙し取れるところからは騙し取り、強奪すべきところからは奪い取る。今、日本人の貯めた個人資産一四〇〇兆円が標的となっている。

本書では、新しい時代の始まりに伴い起きている世界の激変について述べていきたい。

仕組まれた円高――目次

第二章　狙われる日本の個人資産一四〇〇兆円

第三章 〝大変革〟へ向けて動き出した世界

第四章　ユーロ解体へのカウントダウンが始まった

第五章　世界最終戦争を目論む勢力、阻止する勢力

エピローグ

第一章　円高で日本の国富が溶けていく

介入という名目でドルを買い支える

日本政府は、相も変わらずアメリカの借金を支え続けている。最近の例でいえば、二〇一一年一〇月三一日に安住淳財務相が記者会見を行い、「外国為替市場に介入、政府・日銀は本日午前一〇時二五分、ドル買い、円売りの市場介入を実施した」と発表した。

その規模は一〇兆円。市場の投機的な動きに歯止めをかけるのが目的だといい、三カ月ぶりの円売り介入を行ったのだ。表向きの政府・日銀の主張は、「円高が続けば、東日本大震災からの回復途上にある日本経済に大打撃を与えかねない」というものだ。

だが政府・日銀によるドル買い、円売り介入は、直接アメリカの借金を肩代わりする売国行為にほかならない。

財務省が米国債を購入する資金調達のために、政府短期証券が発行される。一〇兆円の介入なら、そのぶん国の借金が増えたことになるわけだ。しかも、介入の効果は短く、円高に戻ると為替介入でつぎ込んだお金には為替差損が生じ、国民の負担になる。

そこまでわかっていながら、国際的信用を失い、各国から受け取りを拒否されているドル（フェイクマネー）を押し付けられているのだ。日本政府が買い込んだ米国債は、闇勢力の資金源であるドル石油体制の維持に貢献する。

では、なぜ肩代わりを続けているのか。そこには露骨な闇勢力による脅しがあるからだ。

今回の介入が行われる直前、数々の汚れ仕事をこなしてきたCIA軍事部門資金担当のリチャード・アーミテージ元国務副長官が来日。笹川平和財団と米国ウッドロー・ウィルソン国際学術センター共催の「第三回日米共同政策フォーラム」で基調講演を行った。

一方、アーミテージの配下であるコロンビア大学のジェラルド・カーティス教授も同時期に来日し、テレビ番組に前原誠司とともに出演した後、首相官邸に姿を見せ、野田首相と会談している。

そのとき、カーティス教授はアーミテージ、さらには彼らのボスである闇勢力の意志を伝え、為替介入を行うよう圧力をかけた。これを受けて日本は一〇兆円規模の介入を行い、安住財務相は「納得いくまで介入する」と語った。だが、外国為替市場では一日に約九〇兆円の円が売買されている。単純計算しても一カ月で二七〇〇兆円だ。そこに一〇兆円程度の資金を投入したところで、どれだけの影響が与えられるのか。

つまり、為替介入はお題目にすぎず、実際はアメリカの許しが出るまで、米国債という紙くずに国富を垂れ流しているだけなのだ。

国民に富をもたらさない日本の経常黒字

結局のところ、日本経済の問題について考えていくと、表も裏も必ずアメリカとの関係に突き当たる。表向き、アメリカは日本にとって最も重要な同盟国であり、裏を返せば戦後、アメリカによっていいように改造され、利用されてきた。

積み上がった日本の巨額の財政赤字や野田政権が実施しようとしている大増税の背後にも、アメリカの硬軟織り交ぜた脅しがある。日本は世界一巨額の財政赤字を抱える一方で、経常収支は巨額の黒字であり、アメリカは財政赤字と経常収支の赤字の「双子の赤字」を抱えている。

「経常収支」とは、日本がどれくらいモノやサービスを輸出してどの程度輸入したか。その差を表している。戦後、日本は輸出主導の経済を目標にしてきた結果、経常収支が巨額の黒字になっているのは狙い通りの結果だ。

ところが、平成となって以降、小さな調整はあったものの、基本的に私たちが町場で感じている景気は上向かず、税収も伸びず、財政赤字は拡大。史上最大の大増税が実施されようとしている。経済運営の目標は果たされているのに、国内に残り、国民に還元されるはずの富が残っていない。ここに根本的な矛盾がある。日本経済の根底に、アメリカへ富を流出させる大きな穴が空いているのだ。

それは、かつての宗主国と植民地の関係に似ている。

当時、宗主国は必ずしも軍事力で植民地を支配したわけではなかった。むしろ経済という武器を使って、植民地の人々がわからないうちに国民の富を奪っていった。そのやり口は巧妙なものだ。宗主国は植民地から生産物を購入する。もちろん、力ずくでむしり取るのではなく、対価を支払う。

ただし、その通貨は自国通貨だった。ここにカラクリがある。

たとえば、イギリスの植民地だったインドの場合はこうだ。インドは紅茶や香辛料などの原材料をイギリスに輸出した。旺盛な消費力を抱えていたイギリスは、インドから入ってくる安価な原材料を次々と受け入れる。表向き、インドはイギリスを相手に多額の貿易黒字を計上していく。

ところが、輸出代金はインドの通貨ルピーではなく、イギリスの通貨ポンドで決済されていた。当初、インドは金本位制に基づき、金での決済を要求したが、イギリスは「代金をポンドで受け取り、運用すれば金利がつく」と説得。そしてインドの運用資金を預かるのは、ロンドンのシティだった。

たとえイギリスが貿易赤字を計上しても、インドの稼いだ黒字分のポンドはそのまま国内の銀行に貸し置かれていたわけだ。イギリス人はインドから安価で輸入した製品で生活を豊かにし、シティの金融資本家たちはインドの計上した黒字を国内外への貸し出しに回す。つまり、イギリスの貿易赤字が増せば増すほど、シティに流入するポンドは増え、国内経済が活性化していく。逆にインドでは、貿易黒字分に見合う富が流失し続け、国内経済は低迷。宗主国は富み、植民地は貧しさを増していったわけだ。

この図式は戦後のアメリカと日本にもピタリと当てはまる。

日本は輸出代金をドルで受け取り、外貨準備を積み上げ、米国債を購入する。円高の状態を維持するために短期国債を発行してドルを買い、買ったドルで米国債を購入する。つまり、日本が黒字を出せば出すほど、アメリカに富が還流する仕組みになっているのだ。

一部の政治家、官僚はこの矛盾に気づきながら、なんら手を打とうとしない。

円高には〝借金棒引き〟の効果がある

こうした状況の始まりは、アメリカの発したふたつのドル減価政策にある。

ひとつは一九七一年のニクソンショック。金との兌換《だかん》を停止するという掟破りの決定によって、為替は一ドル三六〇円の固定制から皮肉な自由の海へと漕ぎ出した。

そして、ふたつ目の打撃は、ドル切り下げを目指した一九八五年のプラザ合意だ。

このとき、アメリカは貿易赤字をなくすために、「日本及び西ドイツは、大きくかつ増大する経常収支黒字を有する」と名指しで批判し、「非ドル通貨の対ドル・レートの一層の秩序ある上昇が望ましい」と公言。ハッキリいえば、日本とドイツに円高、マルク高を命令した。同時に日本の輸入を増やすため、超低金利政策も命じている。

日本政府はアメリカの国益を重視したが、ドイツはアメリカの強引な命令を拒んだ。その結果、高度成長期の原動力だった製造業が円高対策で徐々に海外へ移転。国内では余った金が不動産や株に流れ、バブルが発生。国土の広さで二〇分の一、人口やＧＤＰで半分の日本に、アメリカの五倍の価値があるように見えた。

その結果、急速に円は高くなり、ドルは安くなっていった。

短期間で日本円が一ドル二四〇円から一時的に七九円までになった。それ以降、日本経済の高度成長が終わり、それからずっと日本経済は回復していない。

ドルが安くなることには、アメリカにとってふたつの大きなメリットがある。ひとつは、ドル安になることで海外製品の価格が上がり、国内製品の競争力が増し、国内産業を潤すということ。そしてもうひとつが借金の目減り効果だ。

ドル安が進むことで、アメリカがドルで借りている借金はどんどん減っていく。極端な話、元本だけを考えると、四〇年前にした借金などは為替レートが四分の一（三六〇円から九〇円）になれば、その借金の価値も四分の一になってしまう。日本の場合、外貨準備や米国債の利息のドルすら円に替えることを禁じられ、ドルで保有している。そのため、円高が進めばそれだけ利息も減価してしまう。

ここに、七一年から直近までのドル円レートの推移を図にした。

見てもらえばわかるが、アメリカはドル高に導いたところで借金をし、赤字が膨らんだ

段階でバブルの崩壊や金融危機を演出、一気に三割から五割のドル安に持っていき、借金を棒引きするという手法を繰り返している。

また、この図を見れば、長期的に見て為替が「円安」だったことなど一度もないことがわかるだろう。ニクソン・ショック以降、アメリカは借金棒引きのために一貫して「円高」を求めてきたのだ。

しかし、プラザ合意で目的となっていたアメリカの対日本赤字は解消されなかった。なぜなら、これまでに儲かったお金は、アメリカ政府の上にいる闇の支配者たちと、彼らに連なる犯罪組織に盗まれているからだ。

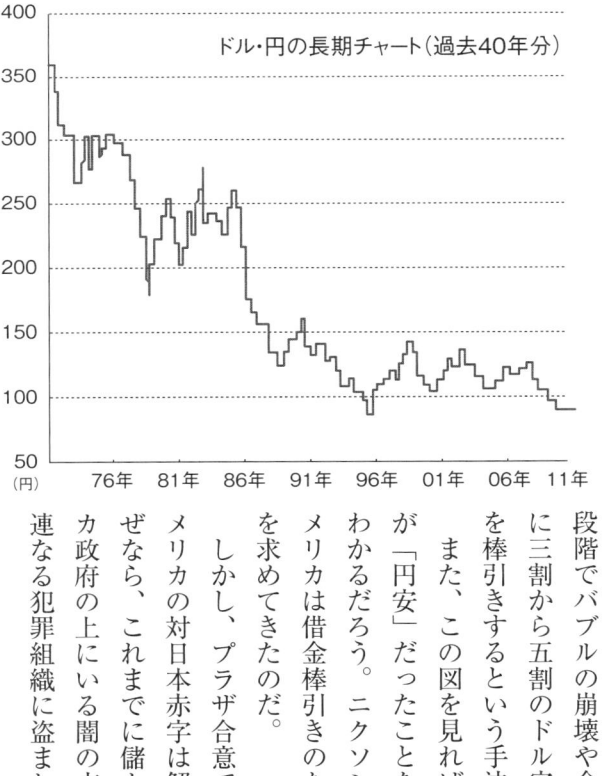

なぜ富裕層はインフレを嫌うのか

ただし、バブル期の円高は悪いことばかりではなかった。簡単にいえば、日本製品が世界中に売れた結果の円高だった。世界中の人が安価で高品質なメイド・イン・ジャパンを買うには、自国通貨を売って円で購入する必要がある。ドルを売って円で買うから円が値上がりしたわけだが、同時に莫大な貿易黒字も入ってきた。

円の価値は上がり、世界中で日本製品が売れることで、日本にマネーがあふれてバブルが起きた。しかし、円が高くなれば製品価格が上がって売れ行きが鈍くなり、再び円は安くなっていく。これが通常の為替の動きだ。

ところが、現在の円高は別の経済原則で動いている。

アメリカをはじめとした各国がドルを、EU各国がユーロを発行しすぎた結果、円高が起こっている。経済の原則として、自国通貨を刷りすぎれば貨幣の価値は下がり、インフレになる。お金の価値が下がることで、国の借金も事実上目減りする。だから、財政破綻寸前の国はわざとインフレに誘導し、財政の立て直しを図るのだ。

だが、インフレになって困るのは富裕層だ。

たとえば、銀行口座にある一〇〇〇億円の財産の価値は放っておくと次第に目減りしてしまう。当然、彼らは国家にインフレ政策をやめるように迫る。だが、アメリカとドルの仕組みを手放したくない闇の支配者たちは、自分たち富裕層の財産が目減りしないためのシェルターを作った。

それが金融派生商品であり、金《ゴールド》の急騰であり、円高なのだ。

周知の通り、日本はデフレで通貨の価値は上がっている。極端な話、ドルの預金をすべて円預金に替えておけば、放っておいても価値は上昇するわけだ。そこで、世界中の富裕層は手持ちのドルやユーロを円預金に切り替えている。

その結果、日本製品が海外で苦戦する中で、円だけが買われていく異常事態となっている。それがこの急激な円高のカラクリだ。もちろん、その背景には、ドル、ユーロ、それぞれが崩壊するという未来予測も大きな影響を及ぼしている。

裏で円高を望む人々がいる

昔、私が経済記者だったときに見た牧歌的な操作の例を挙げよう。

八〇年代に起こったイラン・イラク戦争のときのことだ。八七年、カルバラ五号作戦によってイランが反攻。アメリカが肩入れしていたイラクが負け、イランが勝つのでは……という形勢となった。当時の為替市場では、不安が高まるとドルが高くなる条件反射があった。

そんな状況の中で、当時、私が勤めていたナイトリッダーという金融専門の通信社に、ある問い合わせが集中した。

質問はすべて同じ。

「バスラは陥《お》ちたのか？」

バスラとはイラク南部の街で、そこが陥落するということはイラクの敗戦を意味していた。噂が流れていただけだったが、市場はパニックになってドル高が一気に進んだ。

不自然な動きを不審に思った私は、原因を調べていった。若手なりにソースを追ううち、ある日本の大手証券会社がバスラ陥落の噂の出所だということを突き止めた。その会社は国際取引で大きな赤字を抱えていた。

その損を避けるには、ドル高が必要だったのだ。

ドル高を演出するため、その会社の社内のすべてのコンピュータのニュース画面に「バスラが陥ちた」という記事を載せていた。それで、一時的に皆がパニックを起こしてドル高となり、うまい具合に赤字のポジションを解消できた。みんながデタラメだと気づいた時には、手遅れだったわけだ。

今も毎日のように、こうした駆け引きが行われている。「ユーロ危機への対応が……」といったニュースで一時的に為替や株が乱高下するのも、規模の大小があるだけで同じことだ。

現在の問題は、かつて一〇倍くらいが限度とされていたレバレッジへの規制が、はるかにゆるくなってしまっていることにある。

たとえば、一〇〇〇万円分のドルの先物を買うには一〇〇万円の現金が必要だった。しかしレバレッジが一〇〇倍まで緩和されたことで、一〇〇万円で一億円分まで買えるようになってしまったのだ。

一ドル一〇〇円のとき、一〇〇万円を元手に一〇〇〇万円分のドル先物を買うとする。ドルが一〇〇円から一一〇円に上がった場合、レバレッジが一〇倍かかっていれば自分の資金は二〇〇万円になる。

しかし、逆の場合もある。一ドルが一〇〇円から九〇円になった場合、自分のお金はゼロになる。一〇〇円から九五円になった時、五〇万円の追証を入れないと取引が解消されてしまう。追証を入れられない人たちは、損をしていても仕方なく先物を手放す。これでまた、大きな変動が起こる。

かつては、取引の歴史からレバレッジの上限は一〇倍に設定されてきた。それを変えたのがグリーンスパンとクリントンだ。しかも、ＢＩＳの規制は今も骨抜きで、オフショアを使って金を動かしている。

このような天文学的な賭けの繰り返しから考えると、大王製紙の御曹司が行ったことなどかわいいものだ。片方の金融資本家が天文学的な利益を得た時、片方は大損している。闇の支配者たちはその大損のリスクを避けるため、金融工学を駆使して新たな金融派生商品を開発する（そうした金融商品を開発する人間は「クオンツ」と呼ばれる）。

闇の支配者たちの仲間割れは進んでいるが、円が高くなることで賭けに勝つ勢力がいる。それは間違いないことだ。

円の供給を勝手には増やせない日本

一方、円高によって生まれた日本の外貨準備高（一一二兆円）は、いつまでたっても有効活用されていない。日本の政治家はアメリカから円高分の米国債を買うように指示され、素直に従っている。一一二兆円という数字をわかりやすくするため、一ドル一一二円の時代を基準にして考えると、一一二兆円＝一兆ドルの米国債を保有すればよかった。

ところが、一ドル八〇円になったことでアメリカはあと三〇兆円、四〇〇〇億ドル分の米国債を買うよう指示を出す。その間、一一二円で買った米国債の価格は四〇％下落し、借金は棒引きになっている。実質的にドルは崩壊しており、ユーロの分裂も避けられないだろう。当然、今後も円高は進む。仮に六〇円台となれば、それだけでアメリカの借金は半分になり、日本の財産である外貨準備高の大半が消えてしまう。

非常に馬鹿げた話だ。

この陰謀に満ちた円高のカラクリを回避する簡単な方法がある。円高を止めるため、日本も世界の主要国と同じく自国通貨＝円を次々と刷ればいい。ところが、不思議なことに日本政府（日本銀行）は円供給を増やすことをかたくなに拒んでいる。

その理由は明白だ。日本が円供給を増やせば、闇の支配者たちが用意した富裕層向けの避難場所がなくなってしまう。そこで、アメリカは日本に対してマネーサプライを増やすなと厳命。菅直人は要求を受け入れたから総理大臣になれたのだ。アメリカの要求を受け入れることは、国民の生活を破壊する売国奴的な行為といっていい。

強固な「政・官・ヤクザ」の共存体系

だが、こうした売国奴的行為は今に始まったことではない。

かつて、最後の日本人政治家といわれた田中角栄は、一九七三年に起こった第四次中東戦争によるオイルショックの時、三木武夫副総理を中東諸国へ派遣。イスラエル支持を明確に打ち出していたアメリカとは異なり、日本はアラブ諸国を支持すると説得して石油確保に動いた。当然、この動きはドル石油体制の黒幕たちから問題視された。その後の日中国交正常化での独走も合わせ、キッシンジャーは田中角栄を「アンプレディクタブル・ガイ（何をするかわからない男）」だと敵視した。

こうしてアメリカからの情報提供でロッキード事件が作り上げられ、有権者から人気の高かった総理が外為法違反で逮捕されてしまう。田中角栄は、アメリカに逆らう政治家はこうなるという見せしめになったのだ。

そしてパパブッシュがCIA長官、副大統領になった時、アメリカの日本外交は根本的に変わった。決定打となったのは一九八五年のプラザ合意であり、あの日以来、日本は実質的にアメリカとアメリカを動かす闇の支配者勢力の子会社になった。

その後の中曽根康弘、竹下登、海部俊樹といった内閣はアメリカの要求を一〇〇%飲み続けていく。かつて南米各国から無償の留学生を受け入れ、彼らに新自由主義の利点を教え込むことで南米を自由に操ったように、アメリカは日本の知識層への洗脳にも余念がない。今も、各省庁から選ばれたエリートたちが研修という名目でアメリカに行っている。費用はすべてアメリカ持ちだ。こうして闇の支配者たちは日本の金の蛇口を握る財務省(旧大蔵省)、金融庁をしっかり抑え、直接コントロールしている。

たとえば一九九五年には住専スキャンダルがあり、日本の政府が有権者から一三兆円という天文学的なお金を奪った。そして、その金を住専に注入した。歴代の住専の社長は大蔵省の官僚で、貸出先は半分以上がヤクザだった。いわゆる企業舎弟だ。

このスキャンダルの取材を始めたころ、私は日本のヤクザは風俗などモメ事の多い産業にいる単なる必要悪だと思っていた。ところが、調べていくと彼らヤクザは中間業者だったのだ。依頼を受けて右から左へと事を処理し、手数料をもらう。本当の悪はどこにいるのかと取材を続けていった結果、私はヤクザを動かす日本の黒幕の存在、そして、その日本の黒幕を動かす闇の支配者の存在に行き当たった。

ＴＰＰで再び搾取される日本

「年次改革要望書」を通してアメリカがこれまで日本にしてきたことは、一貫してアメリカ自身の国益の追求、すなわちアメリカという仕組みを牛耳る闇の支配者たちにとっての利益の拡大だった。

「建築基準法の改正」「労働派遣法の制定」「司法制度改革」「第三分野の保険への外資の参入」「持ち株会社解禁」「ＮＴＴ分離・分割」「金融監督庁設置」「時価会計」「大規模小売店舗法の廃止」「確定拠出年金制度」「法科大学院」など、すべてがアメリカの圧力によって、アメリカに利するように改正、制定、開放された。

その結果、たとえば、輸入住宅は一三〇〇戸から一〇万戸に増えた。

労働派遣法で非正規雇用が増え、男性の三〇％、女性の二〇％が結婚できなくなった。正規雇用から非正規雇用に切り替えた大企業は浮いた金を株主に還元し、外国人に金が流れた。大店立地法で外資が進出し、地方が廃《すた》れた。

日本企業は第三分野の保険を扱えず、アメリカ企業に独占され、日本の「危ない生保」はことごとく外資に買収されてしまった。

参加を巡ってひと騒動あったＴＰＰ（環太平洋戦略的経済連携協定）も脅しの一種だ。

日本はすでに「ＡＳＥＡＮ（東南アジア諸国連合）＋三」という地域経済ブロックに入っている。参加国は日本、韓国、中国、タイ、フィリピン、マレーシア、シンガポール、ブルネイ、ベトナム、カンボジア、ミャンマー、ラオス。この中でアメリカの脅しを受け、不公平なＦＴＡを結ばざるえなかったのが韓国で、日本はＴＰＰ入りへと導かれている。

野田政権はもちろん、賛成論者たちは「関税を撤廃し、自由貿易を推進するのだ」という。「撤廃、自由、推進」という言葉のイメージは悪くない。だが日本が交渉の席につけば、アメリカのゴリ押しで条件闘争もなく、参加が決まるのは目に見えている。

ＴＰＰへの参加によって、政府はアジア太平洋の新興国の成長を取り込めるとしている。だがすでに反対論者の多くが指摘しているように、ＴＰＰは日本にとって何のメリットもない枠組みだ。

ＴＰＰ交渉に参加している九カ国に日本を加えた一〇カ国の経済規模の比率は、アメリカが約七〇％で日本が約二〇％。次の大国はオーストラリアだが、わずかに約四％、そして、残り七カ国を合わせて約四％となる。つまり、政府が強調しているアジア太平洋の新興国の市場など、わずか四％ほどのもの。中国もインドも韓国もＴＰＰには入っておらず、入る予定もない。

つまり、日本がＴＰＰに参加した場合、実質的には日米での関税撤廃協定を結ぶようなものだ。ＴＰＰ参加国の中で、日本企業の主要な輸出先となりうる市場はアメリカしかない。しかし、自動車の関税は現在でも二・五％にすぎず、これが撤廃されたとしても効果は限定的。加えてトヨタ、日産、ホンダといった自動車メーカーはすでにグローバル化に対応し、アメリカでの現地生産を進めている。

つまり日米間の関税があろうとなかろうと、国際競争力にほとんど影響がない。そしてそれは自動車に限らず、製造業全体にいえることでもある。

また、現在アメリカは高い失業率に悩まされており、深刻な不況に陥って購買力が落ちている。単純に考えて、TPPでアメリカへの輸出が増えるという見方は楽観的すぎるだろう。

アメリカの多国籍企業もTPPを後押し

それどころか、オバマ政権は貿易赤字を削減するため、二〇一四年までに輸出を倍増する戦略を明確に打ち出し、国民に向けてTPPの効果をこう説明している。


TPPはアメリカの輸出業者にすばらしい機会を提供します。消費者の95％がアメリカの国境の外にある世界において、アジア太平洋地域は世界人口の40％を構成しています。これらの国々の経済はダイナミックに世界平均よりも急速なスピードで成長しており、2009年には世界のGDPの56％を占めるまでになりました。

アジア太平洋地域はアメリカの輸出にとって世界最大の市場であり、アメリカの農産物の輸出の実に3分の2を受け入れています。オバマ政権はTPPの締結によって、これらの輸出を増加し、アメリカ国内の各地域でより多くの雇用を創出することを約束します

こうしたオバマ政権の動きを強力に後押ししているロビイスト集団が、「全国貿易協議会（NFTC）」という財界団体・同業組合だ。一九一四年に設立されたこのNFTCは、自由主義のルールに基づいた国際貿易システム（アメリカの有力企業に有利な自由貿易システム）を主張する最大規模の団体だ。

会員社数は三〇〇を超え、闇の支配者の中核都市であるワシントンD.C.と金融資本家が跋扈《ばっこ》するニューヨークにオフィスを構え、会員企業に有利な法律を政府に作らせ、グローバルスタンダードを推し進めるロビイスト活動を続けている。

公表されている会員企業の名簿から、目ぼしいところを抜き出してみよう。

インテル、マイクロソフト、IBM、GAP、コカ・コーラ、ファイザー、シティグループ、ダウ・ケミカル、GE、ヒューレット・パッカード、ジョンソン・エンド・ジョンソン

ソン、リーバイス、オラクル、P&G、タイム・ワーナー、VISA、ウォルマート、ゼロックス……。

こうした一般の消費者にとってもおなじみの有名企業だけでなく、ベクテル、カーギル、モンサントといった闇の支配者とのつながりがハッキリしているキナ臭い非上場企業、各業界団体など、あらゆる業種の有力企業がひしめき合っている。

TPPの交渉を行うということは、こうした大資本の息がかかったアメリカの政策担当者の容赦ない要求が日本に突きつけられるのと同じだ。しかも年次改革要望書とは異なり、そこで決められたことに法的な拘束力がある。

理不尽な米韓FTA

輸入農産物が非関税になることで、国内に外国産の安い農作物が押し寄せることが不安視されている。特に日本人の心である米が攻撃されることには、農協を中心に大きな反対の声が上がって当然だ。

農薬まみれの外国産農産物への危機感、遺伝子組み換え製品への不安感も拭えないが、

ＴＰＰは銀行、保険、雇用、食の安全、環境規制、医療サービスなど、国民生活のありとあらゆるものを変えてしまう可能性を秘めている。

特に、アメリカは日本の保険制度をアメリカの保険会社に有利なように変えることを求めている。実際、二〇一一年にアメリカは韓国とのＦＴＡ（自由貿易協定）を批准。その結果、韓国は共済保険を三年以内に解体することになり、自動車の安全基準や環境規制についてもアメリカ企業に有利になるよう圧力をかけられている。

この米韓ＦＴＡについて、オバマは一般教書演説で「アメリカの雇用は七万人増える」と誇らしげに語った。つまり、韓国から七万人の雇用が奪われたわけだ。一方、韓国の前大統領政策企画秘書官のチョン・テインは「主要な争点において、われわれが得たものは何もない。米国が要求することには、ほとんどひとつ残らず譲歩した」と嘆いている。

韓国側から見れば無残な結果となった米韓ＦＴＡだったが、韓国国民のほとんどは本当の情報を知らされていない。降ってわいたように議論が起こり、重要な判断を国民に問う時間を与えないまま、気がつくと生活がひっ迫するような取り決めが結ばれてしまう。こうした状況は、現在の日本とほとんど変わらない。

後日、見事にロビイストの意思を具現化したオバマは、李明博韓国大統領を国賓として招き、盛大に歓迎した。野田首相も同じ扱いを望んでいる。このまま行けば、日本はＴＰＰに参加することになるだろう。

そして韓国と同じく、いやそれ以上の国益をアメリカに貢ぎ、野田首相は国賓扱いを受けながら、オバマとすき焼きでも食べるのだろうか。

既存政党から本当のリーダーは出ない

首相が毎年のように代わり続ける日本の政界の混乱は、今後も続く見込みだ。

野田佳彦が第九五代内閣総理大臣となった背景には、民主党内の綱引きがあった。

昨年の民主党代表戦において、〃小沢一郎が海江田万里をプッシュした〃というだけの理由で反小沢グループが海江田氏の選出をイヤがり、一方では代表戦直前に来日したアメリカのバイデン副大統領が「前原を総理にするのが好ましい」と政治家たちの前で語ったことを受け、対米追従を否定するグループが前原反対に動いたとの話を聞いている。

そうした綱引きの中で、多くの党員が妥協できる人間として選ばれたのが野田氏だった。

しかし彼が新総理に納まった後も、日本の権力層における水面下での工作は活発に続けられている。

政界と同じく霞が関の混乱も収まらない。根本的な原因となっているのは、財務省と日本銀行の間に見られる激しい対立だ。財務省側が欧米のエリート犯罪者と手を切れずに従属を続ける一方で、日本銀行の有志は、証拠資料を手にFRBが違法に世界の金融覇権を手に入れてきたことを暴くべきだと主張している。

日本が対米従属、つまり闇勢力のいいなりになる状況から脱しようとする動きが表面化している。今後は徐々にだが、闇勢力の手先となって動いてきた日本人がパージされていくことになるだろう。

日本はさらなる政界再編を試みて、そろそろ独立した本当の政治を取り戻すべきだ。そのためには大連立政権が必要となる。さらにいえば、永田町以外の場所から総理となる人材を探すべきだ。

というのも、今後、日本の総理大臣となる人物は次のようなことができる人間であるべきだからだ。

第一に少子化や財政問題を解決するビジョンを持っていること。次に第二次世界大戦後に構築された不公平な国際社会システムを組み直す意思を持ち、実行力を発揮すること。そして何より、日本の国民に再び将来のビジョンと夢を与えることだ。

永田町の中から消去法のような手順で選ばれた総理大臣では、この先、闇の支配者たちの権力紛争が収まったとしても、日本は新たな世界でリーダーシップを発揮することなく埋没していくだろう。

見合わない日米同盟のコスト

政権交代時の期待を裏切る民主党の迷走と対米従属ぶり、そして世界情勢の激変を受け、日本の水面下における動きも活発化している。

有力な大物右翼筋からの情報によると、自衛隊将校クラスの人間を中心としたグループが民主党政権の外国犯罪組織追従型の奴隷政治に呆れ果て、水面下で政変の準備を始めているという。

しかし、純粋な愛国心から「停滞する日本をこの侮辱的状況から脱出させたい」と願う自衛隊の一部勢力によるこの計画は、結局は闇勢力に騙されてしまう危険性もはらんでいる。ただし、このグループがかつて「反共」という点で現代史上、大きな役割を果たしたことは事実だ。

だが、その当時脅威とされていた共産主義が事実上なくなってしまった今、闇勢力は政治的理念が空白となっていることを利用し、あらためて中国・ロシアに戦争を仕掛けようと考えている。そのキッカケ作りのひとつとして、自衛隊を駆り立てるチャンスを狙う可能性もある。

またペンタゴンやＣＩＡなどアメリカ側の人間から、日米の同盟関係を崩そうとする日本の政治家に警告が発せられた、との情報も入っている。

アメリカにとって、日本との同盟関係は年間七〇〇〇億ドル近い膨大な軍事費を支える資金源として、絶対になくてはならないものだ。事実、日本では在日米軍駐留経費負担（思いやり予算）に関する新たな特別協定が二〇一一年三月三一日に国会で承認された。

この決定によって、日本政府は年間一八八一億円（二・三億ドル）の税金を、今後五年間にわたって米軍に支出することになる。事業仕分けに熱心な民主党政権にとっても日米同盟に関する軍事費予算は「聖域」であり、なおかつこの思いやり予算は米軍に対する経費全体の三分の一を占めているにすぎない。二〇一〇年度、日本政府は米軍基地関係経費に六七二九億円（七・九二億ドル）という莫大な額を負担しているのだ。

たしかに現段階では、中国を含む隣国の脅威から身を守るため、日本にとってもペンタゴンを支える必要があるだろう。だがそうした事情と、日本が欧米支配階級の奴隷であるオバマ政権を支えることはまったく別の話である。民主党政権がオバマ政権を支えても、結局は日本の国益を脅かされることになるだけだ。

日銀の大株主は誰か？

思考停止した日本の既得権益の中心にいるのは、財務省を筆頭とした金融行政の利権だ。そして、時の首相もその枠組みの中での自由しか与えられていない。だが、なぜ彼らが巨大な権力を持っているのか。そのカラクリのカギは、日本銀行に隠されている。

日本銀行は日本銀行券を刷るという「無からお金を作り出す権利」を持つ。では、無から出現した日本銀行券を世の中にどう配分していくのか。その決定に関わるのは誰なのか。

日銀総裁でも、コロコロ変わる政治家でもない。

戦後から現在に至るまで、数人の裏方がお金の流れをコントロールしてきたのだ。

私は独自の取材ソースからその正体に迫っていったが、実は表に出ている情報にも手がかりはある。そのひとつは株主の構成だ。

公の機関のように振る舞っているが、日銀はジャスダック市場に上場しており、「八三〇一」という証券コードを持つれっきとした民間銀行なのだ。

二〇〇七年に日本銀行が公開した株主構成は、政府出資五五％、個人三九％、金融機関二・五％、公共団体等〇・三三％、証券会社〇・一％、その他の法人二・六％。日本の商法では、企業が発行する株式の三分の一超の三三・四％を持つと、「株主総会で重要事項の決議を単独で否決することが可能になる「拒否権」が手に入る。

日本銀行は、政府以外が四五％の株式を持っている。なかでも三九％を占める個人がいかなる人物であるのかは、いっさい明らかになっていない。つまり、日本銀行の株主が誰なのかについてはほとんど情報がなく、大手メディアは一度たりとも報じていないタブーなのだ。

私は日本銀行の元総裁を含め、複数の情報源に当たることでタブーを破った。日本銀行の大口の株主であり、支配権を握っているのは、高齢ながら現在もロックフェラー家の当主であるデヴィッド・ロックフェラーや、ロスチャイルド家の大物で東京在住のステファン・デ・ロスチャイルドなどだ。

政府が抱える債務の多くは国債などの形になっているが、この国債を保有し、政府にお金を貸している金融資本家たちがいる。そしてその背後には、彼ら日本銀行の株主たちの姿が浮かぶ。

つまり、彼らは日本銀行を通して日本のお金の流れをコントロールしながら、実質的に国債を保有することで政府に対しても圧力を加えられる立場を確保しているわけだ。

増税論の裏には外国勢の思惑がある

もし彼らが日本銀行の株を放棄すれば日本の財政赤字問題も解決されるが、どうやらその道は選ばれそうにない。なぜなら、彼が望むのは永続的に日本人から富を搾り取ることだからだ。

彼らの息のかかった金融の専門家たちは、「政府はプライマリーバランスを均衡させる道筋を示せ」と語る。つまり、新たな借金を作らずに支出を抑え、長い期間をかけて利子をつけながら借金を返せ、ということだ。

かつて、フランスはナポレオン時代に作った借金を二〇〇年かけてロスチャイルド勢力に完済したが、同じように日本も何百年もかけて特定の金融資本家たちへ借金を返すよう督促を受けているのだ。

その具体例が、ここにきて一気に表面化してきた増税論だ。これまでも財務省は「このままでは日本は倒産する。借金を返すために支出を抑え、増税しよう」というキャンペーンを仕掛け、政治家たちを動かしてきた。しかしその背景には、日本銀行の株主であり日本国債の債権者でもある金融資本家勢力の意思がある。小泉純一郎はもとより、現首相の野田佳彦もまた、国家破産の危機を声高に主張し、医療や教育といった公共サービスの質を落としてまで歳出削減を推し進め、一方で増税は必要不可欠だと話す。

こうした政治家たちは、闇の支配者の傀儡である疑いが濃厚だ。

本来なら、中央銀行が金融資本家の手に渡らぬよう、戦前のように日本銀行を国家機関にするべきなのだ。もしそうなれば、日本経済は再び大きく加速するはずだと私は考えている。だが、中央銀行を金融資本家が保有するという問題は、アメリカのＦＲＢだけでなく、Ｇ７各国が抱える大きなタブーだ。

この問題が明らかになって改革が行われるのは、ＦＲＢの破産によってだろう。第三章で詳しく述べるが、その日は間違いなく近づいている。

増税論でよく使われる数字のウソ

だからこそ、増税に向けて野心を燃やす財務省の思惑に騙されてはいけない。

彼らはユーロ危機に便乗し、日本が財政危機に陥っているギリシャ以上にひどい事態になるというキャンペーンを張っている。増税を国民に納得させるためには、危機感を煽るのが早道だからだ。

「膨大な借金で国が押しつぶされる」「ギリシャのような財政危機がいつ起きてもおかしくない」。財務省は大手メディアと連携し、私たちを欺こうとしている。

たとえば二〇一一年一〇月二九日には、大手各紙にこんな記事が並んだ。

「国の借金、3月末に過去最大の1024兆円に」

財務省は、28日、2011年度末の国債や借入金などを合計した「国の借金」が前年同期に比べ、1年間で99兆7451億円増え過去最大の1024兆1047億円に達するとの見通しを明らかにした』(2011年10月29日付、読売新聞)

実際に一〇〇〇兆円を超えるのは二〇一二年三月末だが、この記事からは、年末に向けて増税議論に決着をつけたい財務省の思惑が透けて見える。また財務省は、国の借金のGDP比が二〇〇%を超えればイタリアやギリシャより深刻な事態となるとも警告する。

だが、冷静に日本の財政を分析していくと、PIIGS同様の危機に瀕しているという財務省のウソがハッキリする。そもそも「国の借金」という表現は非常に曖昧なものだ。たとえば、財務省は状況に応じて、「国の借金」について少なくとも三つの数字を使い分けている。

国債残高なら約六〇〇兆円、国債と地方の長期債務残高約八〇〇兆円、国債及び借入金残高九〇〇兆円という具合だ。今回の新聞記事では最も大きな数字を使い、一〇〇〇兆円というインパクトを前面に押し出している。

たしかに、九〇兆円規模の財政の半分を国債発行に依存している状態は深刻なものだ。だが、財務省が煽る一〇〇〇兆円の中には、本来「国の借金」からは切り離して考えるべき地方債務、建設国債などが盛り込まれている。

二〇一兆円ある地方債務には、もともと非常に強い制約が設けられている。というのも、地方自治体の借金は、基本的に各地域の金融機関などが資金の出し手となっており、綿密な計画に基づいて地方債が発行されている。また、地方債を発行できる事業も限定されているため、基本的には、借金返済の裏づけが確かでないものには発行が認められない。

つまり、借金のカタとなる現物資産がしっかり担保されており、もし地方債務が破綻したとしても、大きなダメージは生じない仕組みになっているのだ。

ＩＭＦに口出しされる筋合いはない

一方、国債残高約六〇〇兆円のうちの二五一兆円を占めている建設国債。インフラ設備に使う資金のために発行され、こちらも現物の資産によって裏づけられた借金だ。

たとえば、五〇〇〇億円の建設国債を発行し、五〇〇〇億円のインフラを作ったとする。一〇年の建設国債なら一〇年後に五〇〇〇億円をいったん返済し、そのうち四〇〇〇億円をまた一〇年の建設国債として発行。それによって資金を調達する。そして、次の一〇年の満期が来たときに四〇〇〇億円を返済、と繰り返しながら償還していく。

つまり、建設国債には、それに見合う資産が存在するのだ。そこで、建設国債に関しては国の借金に計上しない国も少なくない。

こうして地方債務、建設国債など償還の不安のない債務を差し引くと、問題にすべき赤字国債の額は三九一兆円に圧縮され、GDP比は八〇％台に低下する。もちろん、赤字国債の存在は明るい材料ではない。しかし、世界中どこの国も多少の借金は抱えており、適切に管理されていれば問題はない。

また、日本は中央政府だけで簿価ベースで六四七兆円もの資産を保有している。これは赤字国債三九一兆円に対応する資産としては十分なものだ。

さらにいえば、本書の冒頭で示したように日本は対外貿易黒字国であり、経常収支でも巨額の黒字を計上し続けている。経常収支は国全体の資金バランスを示す指標。これが黒字だということは、日本の財政赤字が一〇〇％国内の資金で賄われ、そのうえでさらに余剰資金があることを示している。

ちなみに、ユーロ危機に見舞われている国々は経常収支が赤字な国がほとんどだ。財政赤字を賄うために海外からの資金に依存しており、きわめて不安定な基盤の上に立っている。そのアンバランスさを市場から攻撃され、ソブリン危機（国家の債務危機）が連続しているのだ。

逆に日本の円や国債が強いのは、アメリカやヨーロッパ諸国と比べ、財政赤字の成り立ちが異なることを市場が見抜いているからだ。

つまり、財務省が煽る財務危機は国内向けの増税キャンペーンにすぎない。

また、ＩＭＦが消費税増税を押し付けてくるのは、より多くの日本の富をアメリカやヨーロッパに還流させるためだ。

そもそも、外国から一円も借金をしていない日本が、なぜ、国内の税について圧力を受けなければならないのか。日本のＩＭＦへの出資金は世界二位。そして、ＩＭＦからは一円たりとも借りておらず、この先も救済を求める可能性はゼロに近い。「余計なお世話だ」と断じれば済む話だ。

日本の財政赤字は景気回復によって大幅に軽減される。政府がすべきことは増税ではなく、復興支援対策をはじめとする景気回復策を継続的に続けていくことだ。

私たちは、復興税と消費税の増税で天下り先の確保と利権の拡大に余念がない財務省に惑わされてはいけない。しっかり増税に反発すべきなのだ。

日本の財政はそれほど深刻ではない。GDPの規模が神奈川県と同程度のギリシャとは違うのだ。

個人資産を守るためのアドバイス

本章の最後に、大きな変動が予想される二〇一二年から二〇一三年にかけて、日本で暮らす個人が自分の財産を守る方法について考えてみたい。

第一のルールは、現実に存在するものに注目することだ。

たとえば、上昇を続けている金《ゴールド》に投資をするなら、必ず手で触ることのできる金地金や金貨を買うことだ。本質を理解していないファイナンシャルプランナーのすすめに乗って、純金積立や金ＥＴＦに手を出してはいけない。

たとえば、金ＥＴＦの最大手であるＳＰＤＲゴールド・シェアを運用するスパイダーゴールド・シェア証券は、保有していると主張する金の一〇〇〇倍近い金額を動かしている。もし投資家たちが一気に現物での引き渡しを求めたとき、どうなるのか。ましてや金鉱床ＥＴＦなどもってのほかだ。自ら足を運び、現地を確認することのできない場所へ資金を投じるなどというのは、間違いなく愚かな選択だ。

また、グローバル・ソブリン・オープンなど、日本の中高年層に人気の毎月分配型ファンドなどにも手を出してはいけない。円高が進行するにつれて為替リスクは高くなるが、毎月分配金を出す以上、純資産残高は減り続ける。しかも、楽しみにしている分配金も毎月受け取るたびに源泉課税で一〇％の税金を持っていかれ、再投資したとしても年一回分配型のものより複利の効果は弱くなる。

業者は年金生活者のためとして販売しているが、そもそも数カ月や一年程度先に必要なお金を投資に回すこと自体が間違っている。数年先に必要なお金なら、毎月分配型でなく通常の年一回分配の形で投資し、必要な分だけ解約すれば済む話だ。

それでも多くの業者がこのグロソブをすすめるのは、金融の知識が乏しい中高年層から手際よく手数料を集める狙いからだ。こうした外債投信は、運用で利益を出してそこから分配金を作り出しているのではなく、投資家たちが支払った元本を分配金として払い戻しているにすぎない。ネズミ講と大して変わらない商品なのだ。

また、自分の財産を守るには現実に存在するものを重視することだ。まず銀行口座に置く現金は一〇〇〇万円に留めること。現行法では銀行が破綻した場合、一〇〇〇万円以上の預金は保険対象外。もしそれ以上の現金があるなら、手元に置いておくほうが安全だ。

そして、私がいま注目しているのが農地だ。食材が豊富で、ほとんどの人が飢えずに暮らしている日本にいると気づかないが、近い将来、世界人口の増加によって食糧と水が不足するという事態が起こるだろう。自給自足のため、あるいは本格的に事業化するため、農地という不動産を手に入れておくことは賢明な選択だ。

運用を考えるなら株がいい。投資信託ではなく、その会社の業績と歴史を見て選ぶことができる銘柄株での運用をおすすめする。日経平均は八〇〇〇円台でもたついているが、実力ある企業の価値を考えると、ほとんどの銘柄株は割安な状態にある。投資、運用を始めるにはチャンスだろう。

ただし、エネルギー業界と製薬業界は避けたほうがいい。今後、闇の支配者たちの力が弱くなっていくにつれ、このふたつの業界では封印されていた技術が表に出るので、大幅な技術革新が進む。薬に頼らず、健康を増進させる技術、病気を治癒する技術も公開される。製薬業界は人が病気にならなければビジネスができない業界なので、規模が縮小していくことは間違いないだろう。

また、エネルギー業界も自然エネルギー時代の到来で、大胆な業界再編が行われる。いったん状況が落ち着くまでは、投資先として不向きだろう。

ＦＸなどの外貨に関する投資は、ドルの混乱が収まるまでは静観すること。展望は次章に書くが、金融戦争の影響によって数日間で個人資産を吹き飛ばす乱高下が起きる可能性も否めない。一気に資産を増やすチャンスでもあるが、ひとりの勝者の逆側には大量の敗者が生まれる。不況とはいえ、手堅い暮らしのできる日本で、そこまでのリスクを背負う必要はないだろう。

第二章　狙われる日本の個人資産一四〇〇兆円

スイスで開催された秘密会議

金融戦争を巡って、表の動きと裏の動きが激しさを増している。

表裏という言葉が陰謀的なら、公式の折衝と非公式の折衝、と言い換えてもいい。IMFをはじめ、これまでの世界経済の流れを左右してきた場で、大手メディアによって伝えられることのない公式、非公式の折衝が何度となく行われている。

その最たるものが、二〇一一年八月末にスイス政府の働きかけで世界五七カ国の代表が非公式にモナコ公国に集まって開催された国際金融会議だ。

私はその会議に出席した三名の人物にコンタクトを取った。

彼らの証言によると、イギリス、フランス、ドイツ、イタリア、FRB、日本からの代表は会議への出席を認められなかったという。当時の日本国首相である菅直人やIMF専務理事のクリスティーヌ・ラガルドも参加を希望したが、断られている。

また、日本の多くの闇組織を操るロックフェラー家の新当主ジェイ・ロックフェラーもまた、側近を連れて会場入りしようとしたところ、会議主催者側のセキュリティに足止めされ、入場を許されなかった。

その後、この金融会議は盗聴や盗撮を避けるためにモナコから船で国際水域へと場を移したが、その際サバタイ派（詳しくは一三一ページで解説するが、闇の支配者勢力の中で最悪の一派）の勢力が二機のヘリコプターを派遣してその船を脅かし、それを二機の軍用機が追い払うという騒動が起きている。

スイス政府主催のこの会議には、中国やロシア、カナダなどを含む多くの国々の他に、ペンタゴンやホワイトドラゴン（反闇勢力の国際組織）の代表も招待された。会場では欧米エリートが秘密裏に建設した地下施設の実際の映像なども映し出され、サバタイ派勢力が世界人類の八五％を殺そうとしていた計画についても詳細に報告されたという。

もちろん、会議ではこの計画を阻止するための対策も議論された。

世界人類の中央ドル口座である「global collateral accounts」（世界各国の財産が担保となっている全国家の共通口座）は、アメリカの当局幹部がそのハイレベルなセキュリティを解く暗号をもっている。必要とあれば、その口座の五〇年前からの履歴を調査して暴くことも、彼らに圧力をかけるひとつの方法であると提言した。それによって、この五〇年間に誰がどれだけ世界人類のお金を盗んでいたのかが可視化される。

この提言が実行に移された場合、ビルダーバーグ会議の関係者、三百人委員会、CFR（外交問題評議会）、BIS（国際決済銀行）、IMF（国際通貨基金）をはじめ、各国の主要銀行などから五万人以上の逮捕者が出るだろう。

闇の支配者の大物のひとりであるジェイ・ロックフェラーが門前払いされ、妨害工作をはねのけて非公式会議が行われたこと。そして、その場で全世界の懸命に働く人々を騙し、実体経済から多くの富を奪っていた勢力について話し合われたこと。薄汚い盗みを繰り返してきた金融資本家たちの裏帳簿に、監査の手を伸ばす方法が論議されたこと。

こうした動きは、確実に新時代の幕開けへとつながっていくはずだ。

累積貿易収支が表すもの

だが、新聞やテレビのニュースから情報を得ている人たちに、「ジェイ・ロックフェラーが門前払いされた」という話の衝撃度は伝わらないだろう。

それどころか、降ってわいたような〝アラブの春〟も、ギリシャ、イタリア、スペイン、フランスと連鎖するユーロ危機も、突如TPP議論を始めて増税にひた走る野田政権の動きも、ドル石油体制の崩壊が近づいているアメリカの現状も、自分の日常生活からは遠いことのように感じているかもしれない。

これらの出来事が今この時に起きている背景には、きちんとした理由がある。だが、人々から信頼され、信用されている大手メディアは多くを伝えようとしない。流通する情報のかい離と、受け取る側の感度の差は今後ますます大きなものになる。

たとえば、株価が乱高下し、金が高騰し、各国の通貨は不安定な動きを続けている。こうした国際金融全体の本当の状況は、大手メディアの報道だけではつかむことができない。なぜなら、巷にあふれるニュースの送り手は経済学に関する勉強が足りないか、もしくは金融に関して高度に考えすぎているからだ。

現在問題となっている世界経済の状況を正しく理解するために必要な指標は、たったひとつ。実物経済に基づいた貿易収支を見ればいい。

そこで、次ページの地図を見てもらいたい。これはＩＭＦのデータをもとに一九八〇年から二〇〇八年までの世界各国における累積貿易収支を図にしたものだ。

ここには、今の世界経済の実情がはっきり表れている。

世界の累積貿易収支（1980～2008年）

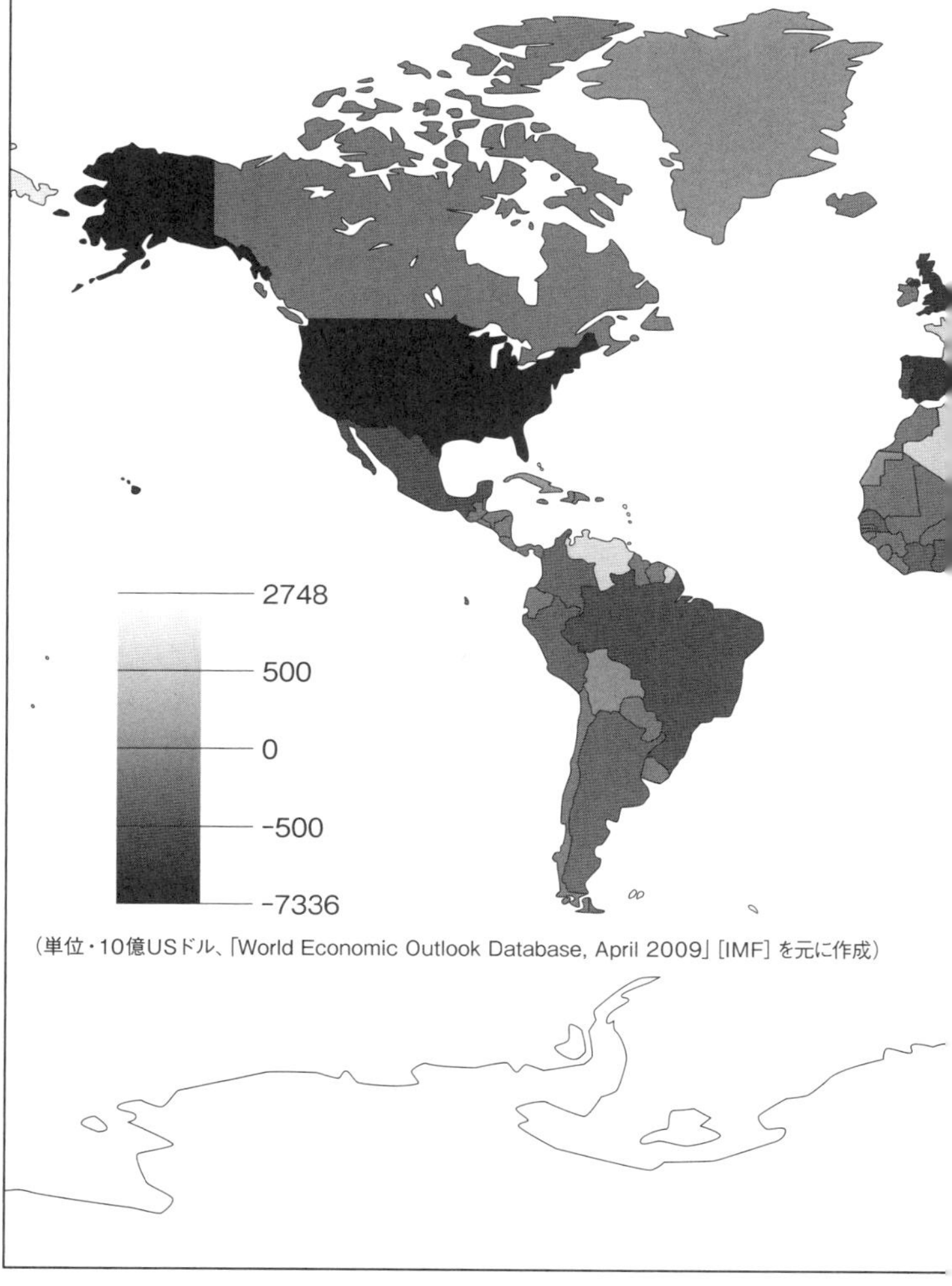

（単位・10億USドル、「World Economic Outlook Database, April 2009」［IMF］を元に作成）

貿易収支に着目することで見えてくるのは、慢性的な対外貿易赤字を持った国々は例外なく、他国から実物の商品を受け取る代わりに、ひたすらただの借金札（国債など）を相手国に渡し続けているという構図だ。

この地図上では、濃い部分が他国への借金を抱える国であることを示し、白に近づくほどそれらの国々にお金を貸している債権国であることを示している。

つまり、世界の実体経済の覇権を握っているのは日本、中国、ロシア、サウジアラビア、スイス、北欧などであり、大半の国々はそこからお金を借りて成り立っている。特に多くの借金を抱えているのはアメリカ、スペイン、イギリス、イタリア、ギリシャ、トルコ、フランス……。

見事に、ここ一、二年の間に危機がささやかれた国々の名前ばかりだ。

これが実物経済、もしくは現実に基づいた経済学における本当の世界の力関係であり、今まさに起きている経済的な混乱を読み解く鍵となる。

破局に向かうアメリカの債務

ところが、ウォール街の企業プロパガンダ（格付け会社や新聞、アナリストレポートなど）に騙された相場師や金融専門家たちは、長年、貿易収支を見ないで財政収支を見るようになっていた。

貿易収支ではなく財政収支を基準にするロジックの典型的な例は、アメリカの対外貿易赤字を取り上げたものだ。アメリカは三〇年以上にもわたって、慢性的な対外貿易赤字を抱えてきた。

しかし、その間に世界中からアメリカへ資金が流入し続けていたため、その状況を維持することが可能だったのだ。

つまり、〝アメリカは魅力的な投資先であり、お金が流れ込むのだから、貿易赤字は問題にならない〟という市場の論理が正しいとされてきたのだ。

しかし、このロジックの嘘は、アメリカの財政の実態を見れば明らかになる。

この数字は非常にシンプルだが、強い説得力を持っているはずだ。

租税収入：二、一七〇、〇〇〇、〇〇〇、〇〇〇ドル

連邦予算：三,八二〇,〇〇〇,〇〇〇,〇〇〇ドル
新規債務：一,六五〇,〇〇〇,〇〇〇,〇〇〇ドル
債務総額：一四,二七一,〇〇〇,〇〇〇,〇〇〇ドル
新規予算削減：三八,五〇〇,〇〇〇,〇〇〇ドル

感覚的につかめるよう、ここからゼロを七つ取り除き、借金をしながら贅沢な暮らしを営む一家に置き換えてみよう。

夫婦の年収：二一七,〇〇〇ドル
一家の支出：三八二,〇〇〇ドル
クレジットカードの新規の請求額：一六五,〇〇〇ドル
クレジットカードの累計の請求額：一,四二七,一〇〇ドル
節約で切りつめる額：三八五〇ドル

さらに、この数字を円換算（一ドル＝八〇円）してみる。

年収：一七三六万円
支出：三〇五六万円
クレジットカードの新規の請求額：一三二〇万円
クレジットカードの累計の請求額：一億一四一六万円
節約で切りつめる額：三〇万八〇〇〇円

もし、これが私やあなたの家計だったとしたら、どうだろうか。毎年、年収を超える支出があり、先祖代々の負債は膨大で、金利を返済するために借金を重ね、ささやかな節約は砂漠に水滴を垂らすようなもの。

ひと言でいえば、立て直しようがない状態。それが放蕩の末に行き着いたアメリカの現実の姿なのだ。

生かされない大恐慌の教訓

事態をここまでひっ迫したものにしてしまったのは、支配階級に位置する金融資本家たちの大きな勘違いだ。

彼らは金融サービス業を支配することに専念し、物作りなど、実物経済はアジアを中心とした新興国に任せればいい、とタカをくっていた。彼らはバーチャルな金融（貨幣）のほうが実物経済より強いと信じ、そのルールをグローバリゼーションの旗のもと、世界中に広めてきた。

その勘違いの代表例が、銀行の暴走だ。

銀行という仕組みができて以来、最も重要な機能とされてきたのが満期返還だ。客の預金を預かり、客の求めに応じて金利をつけて返還する。この仕組みが滞りなく機能しているからこそ客は銀行を信用し、貴重な財産を預けるわけだ。

一方、そうした客たちの預金を使い、実体経済を動かす企業へ短期や長期の貸し出しを行うのも銀行の基本的な役割だ。ある時期に預金が引き出される確率を推定し、企業への貸し出しの量と利率、短期か、長期かのバランス、不良債権になってしまう可能性などを計算し、釣り合いを保ちながら利益を出すのが堅実な銀行マンの職務だった。

ところが、金融資本家たちは預金に対して払う利子と、債権の利子との利ざやで利益を上げる地味な仕事に満足せず、客から預かった膨大な資金を投機的な売買に使い始める。証券、土地、商品などの市場で、さも自分たちの金を使うかのようにギャンブルに興じるようになったのだ。

その結果、導かれたのが一九二九年の大恐慌だった。

銀行は軒並み倒産し、預金者は大損、実体経済も機能不全に陥り、金融資本家は一時的におとなしくなった。その時、彼らの暴走を防ぐために生まれたのが、一九三三年の「グラス＝スティーガル法」だ。

金融資本家を監視する力を持った法律によって、商業銀行と投資銀行の分離が強制され、彼らは私たちの預金を使ったリスクの高い投資はできないようになった。こうしたルールは、戦後に日本で金融制度が作り直された時にも生かされ、都市銀行、開発銀行、信託銀行、証券会社など、分野ごとに特化した金融機関が作られた。

揺らぐ現在の貨幣の裏づけ

だが現在はどうか。バブル崩壊後の金融自由化の掛け声によって、さも日本の銀行業界が不自由な状態であるかのような錯覚を与えられ、金融資本家たちの暴走を規制するはずの仕組みが徐々に取り除かれていった。

こうした動きを進めているのは、当然、金融資本家たちだ。ウォール街にうごめく彼らは、古くからグラス＝スティーガル法の規制を骨抜きにしようとロビー活動を続けてきた。

一九四〇年代にアメリカの全法人利益の七、八％を占めるにすぎなかった金融業だが、二〇〇〇年代には四〇％に達し、金の力で政治家を動かすようになっていく。ウォール街とワシントンD.C.は緊密な関係を結び、一九九八年、共和党のクリントン大統領はグラス＝スティーガル法を廃止する法案にサインをした。

この時ブラックマンデーの痛みは忘れ去られ、日本でも銀行・証券会社の垣根を廃止し、相互参入を許す規制緩和、いわゆる金融ビッグバンが行われることになった。その後に起こったことは記憶に新しい。

二〇〇〇年代前半、ウォール街の金融資本家たちはFRB、ワシントンD.C.と結託し、住宅バブルを演出。永遠に続くかのような金融市場の右肩上がりの波の中で、あらゆる銀行がギャンブル活動を大きく拡大させた。

やがて住宅バブルが弾け、金融派生商品、証券、住宅ローンの価格が急落。倒産する銀行が出始め、ベア・スターンズとリーマン・ブラザーズが波にのまれたころ、ようやく人々は再び金融資本家の暴走を許してしまったことに気づき始めた。

そもそも人間を含め、現実に存在する世界を作り出したのは我々ではなく自然だ。

そして、貨幣はそれ自体に価値があるのではなく、その価値を裏づける実物によって成り立つ。現在の金融システムが歪んでしまった大きな要因は、貨幣の存在がその概念から完全にかい離してしまったことにある。

貨幣や金融システム自体は、実物の価値を具体化するために抽象的、概念的に存在する実態のない幻にすぎない。リーマンショック後、現実的な経済力を持つアジアが世界経済の運用を巡る覇権争いに乗り出した途端、バーチャルな金融システムを支配してきた欧米の金融貴族はそれに太刀打ちできなくなった。

〝あの事件〟が起こった背景

さまざまな歴史や経緯はあるものの、闇の支配者たちがマネーの力で世界を支配するという神話が崩れ始めたのは二〇〇五年のことだ。

当時、中国が対米貿易黒字で生み出したドルを米国債以外のものに投資をしようとした際（中国はアメリカの石油会社ユノカルを買収しようとしていた）、欧米支配階級の金融マフィアたちはそれを拒否。実物には替えることのできないドルの存在を明らかにしてしまった。

この出来事が直接の引き金となり、中国は何の裏打ちもない基軸通貨ドルを手放すべく、アメリカを含む世界各地で資源や不動産などの実物を買い始めた。この動きに対して、世界の覇権を失いたくない欧米支配階級はドルとユーロを大量に印刷。石油と食糧の価格を吊り上げ始めた。

両者の攻防はしばらく続き、二〇〇八年九月、その状況をずっと静観していた日本を除く対米黒字国はアメリカを支配するこの闇勢力（ＦＲＢ）が刷ったドルを、価値のある貨幣として認めなくなった。

これが「リーマンショック」といわれるものの本質だ。

その後、欧米の金融資本家たちは何度も中国に外交団を派遣して「オバマが大統領になれば、すべてがチェンジする」と大きな約束をし、一年間のつなぎ融資を引き出すことに成功。ところが、オバマ後もアメリカを支配する勢力のやり口は何も変わらなかった。

こうして「リーマンショック」から約一年が経過した二〇〇九年の秋を境に、アメリカやヨーロッパの金融資本家たちは世界の権力構造の中で完全に孤立していった。その後は、貴金属類の備蓄や軍事機密などを海外（主に中国など）に売り渡し、アメリカ倒産の時間稼ぎをしていたが、現物に替えられる物はとうの昔に底をついてしまっている。

追い込まれた彼らは、過去の歴史の通り、軍産複合体とともに悪質な恐喝行為を始めた。世界の対外黒字を持つ国々が、欧米の金融資本家によって次々と恐喝を受けているのだ。

日本は地震兵器による攻撃でお金を恐喝され、リビアは侵略された。また、ノルウェーでも保有する外貨を狙われて与党のノルウェー労働党青年部を標的にした銃乱射事件が発生している。前出の地図から推測すると、次に恐喝の被害に遭うのはサウジアラビア、アルジェリア、フィンランドあたりだろう。

しかし、歴史からの教訓としていえるのは、いつの時代でも借金で成り立つ帝国はいずれ崩壊の道をたどるということだ。しかも、この金融資本家たちの恐喝行為は、狙ったような成果を得られないままでいる。なにより、彼らが支配する国には、もはや中国とロシアの力を封じ込めるほどの軍事力がないのだ。

知られていない「二種類のドル」

円高の仕組みについていえば、いまだに一ドルが何円になるかを予想する人々がいる。しかし、それは無意味な行いだ。なぜなら、予想や予測のベースになっている数字そのものに隠されたカラクリがあるからだ。

エコノミストを自認する人々は、アメリカのＦＲＢ（米連銀）の発表を鵜のみにしている。しかし、リーマンショック後、ＱＥ（量的緩和政策）、ＱＥⅡ（量的緩和政策第二弾）と続く中で、二〇〇八年だけでもマネタリーベースで一〇〇〇億ドル以上が市場にあふれた。

本当にＦＲＢがあれだけ大量のドルを刷ったのなら、世界はアメリカ発のハイパーインフレに襲われているはずだ。ところが、ハイパーインフレは起きていない。

その理由は、「はじめに」でも指摘した二種類のドル、「国際通貨として使うことのできるドル」と「アメリカ国内でしか役に立たないドル」に理由がある。じつはリーマンショック以降、ＦＲＢが刷っているドルは国際通貨として各国から相手にされていない。このことを理解してもらうためには、一般には知らされていなかった隠れた仕組みを説明する必要があるだろう。

古くから国際通貨としての「ドル」を刷る権利を持っている地域・団体（国家を含めて）は、二五二存在してきた。米ドルは昔から純粋なアメリカの通貨とはいえず、そうしたアメリカ以外の国や団体、地域でも米ドルの印刷、もしくは銀行のコンピュータに数字として入れる作業が行われてきた。

たとえば日本に対米黒字があった場合、その分のドルを日本で印刷、ないし入力する。わかりやすい例として、円ドルスポット協定がある。詳細は日銀のサイトにも書かれているが、そこには日本がドルを作っているとはっきり記載されている。

その際、通貨番号に符牒が施され、その暗号によって「国際通貨として使うことのできるドル」が分けられてきた。

しかし、アメリカが金融立国へと舵を切った後、ＦＲＢはこうしたルールを無視してドルを発行するようになった。その結果、闇の権力者たちの間で激しい利権争いが繰り広げられるようになる。中国はいち早く二〇〇七年ごろから現物の裏づけがないＦＲＢが発行するドルを拒絶し始めた。しばらくは欧州系の闇の支配者たちがその分を立て替えてきたお陰で、一年ほどは世界で米ドルが機能したが、彼らもリーマンショック後は裏づけのないドルを支えることをやめた。

これが闇の支配者の間で、イギリス王室などとＦＲＢの所有者たちが決裂した瞬間だった。

なかでも問題になったのは、金融危機後の二〇〇八年九月以降にＦＲＢが発行した一三兆ドルだ。普通ならハイパーインフレを引き起こしてもおかしくない発行量であり、現在世界に出回っているドルの量をアメリカの実物経済の価値で割ってみると、今の一ドルは〇・〇三セントの価値しかない。

現在、ＦＲＢが刷ったドルが世界中から国際通貨として認められなくなり、札に印刷された紙幣番号やデータに付記された符牒により、世界で国際通貨として機能するドルと、機能しないドルのふたつが存在することになった。

それでもドルが暴落しない理由は、ＦＲＢやアメリカと同盟関係にある国以外が発行しているドルに、まだ国際通貨としての信用があるからだ。この状態は、リーマンショック以降続いている。

だが、ＦＲＢとその背後にいるドル石油体制を支持する闇の権力者たちの一派が刷るドルも、まだアメリカ国内や一部の国では使うことができる。そのため、彼らはダウ平均のかさ上げ工作や傭兵への給料の支給などが可能で、権力の座を維持している。

しかも、ジャンク債中心の債券市場やタックスヘイブンなどで自分たちの刷ったドルをマネーロンダリングし、世界で使えるお金に換えてもいる。

ドルは地域通貨のひとつになる

こうした背景を踏まえたうえで、最近の円高について見ていくと、一般的な予想や予測では重要な点が見落とされていることに気づく。それは、「国際通貨として使うことのできるドル」の流通量はそれほど増えていない、ということだ。米連銀が刷った「認められていないドル」は天文学的な量になっているが、実需の世界では相手にされていない。だから、ドルの暴落も起きていない。

すでに為替市場からは、ＦＲＢとその背後にいるドル石油体制を支持する闇の権力者たちの一派が刷るドルは退場させられ、「国際通貨として使うことのできるドル」と各国通貨による取引へと移行している。

この先の予想をするとすれば、二〇一二年、二〇一三年は一時的な金融覇権争いで「国際通貨として使うことのできるドル」が影響を受けることはあるが、そんなに大きく崩れることはないだろう。

なぜなら、「国際通貨として使うことのできるドル」は、すでにアメリカの通貨ではないからだ。つまり、円と「国際通貨として使うことのできるドル」の動きは、日本と海外の通商状況、実需に注目していけば予測できる。

私は円高になっても七〇円が壁になると見ている。ドルはそこまで大きく暴落しない。繰り返しになるが、実需に対応したドルの量はさほど増えていないからだ。ＦＲＢが刷ったドルはシステムで認められていないが、日本の作ったドルには、しっかりと裏打ちがあるから価値がある。スイスが作ったドルにも価値がある。ドイツが作ったドルにも価値がある。しかし、米連銀が作ったドルには価値がないので、誰も信用してはいない。

だから、ドルは暴落しない。すでに世界では担保のあるドルだけが、「国際通貨として使うことのできるドル」として認められているからだ。

将来的には、必ずアメリカがドル（ＦＲＢとその背後にいるドル石油体制を支持する闇の権力者たちの一派が刷るドル）離れをする。大胆な予測として、アメリカの財務省が新たなドルを発行し始めるだろう。ケネディドル（政府発行券）のようなものだ。その場合、はたしてそれが国際的に認められるかどうかを巡って、ドルが大きく反落する可能性がある。一時的に円は急騰し、新たなドルは単なるアメリカの地域通貨になるだろう。

その時、アメリカのドルは世界に出回っている「国際通貨として使うことのできるドル」とはかけ離れた地域通貨のひとつになる。出回っているドルが残るのか、新たなドルが別の名称になるかはこの先の動き次第だが、双方が残り、ＦＲＢとその背後にいるドル石油体制を支持する闇の権力者たちの一派が刷るドルが退場する。

その時に出る損失を誰が担うかが、金融戦争の焦点だ。

一時期浮上したアメロという統一通貨の案がうまくいかなかったのは、FRBのドルも含んだ形で、二アメロ＝一ドルのレートにしようとしたためだ。

五割の引き下げは受け入れられないと、信用のあるドルを持つ勢力が猛反発した。今までに作られた信用のあるドルの九割は外国が持っているから、その価値を半分にしてまで、アメリカと現在のシステムを救うのはごめんだ、ということだ。

このババの引き合いをどう収めていくのか。その駆け引きや交渉については、本書の中でできる限り紹介していくが、現在進行中の出来事なので将来を完璧に見通すことは難しい。それでも地域通貨のドルが登場した後は、アメリカにも再生のチャンスがやってくるだろう。製造業の競争力が回復し、バーチャルな金融の世界を脱して、再び実需に裏打ちされた国へと変われるのだ。

強引に阻止された新国際通貨

話を現在進行中の金融覇権争いに戻そう。

青春新書 INTELLIGENCE こころ涌き立つ「知」の冒険

青春新書 インテリジェンス

いま、生きる 良寛の言葉
良寛禅師からの〝言葉の処方箋〟――「生きるヒント」がここに
竹村牧男【監修】 977円

図説 あらすじでわかる！サルトルの知恵
孤独とうつの時代を生き抜くヒント
永野 潤 1100円

法医学で何がわかるか
事件・ドラマの見方が変わる、医学ミステリー!!
上野正彦 780円

図説 地図とあらすじでわかる！弘法大師と四国遍路
遍路全八十八ヵ所の基本情報も掲載
星野英紀【監修】 1190円

面白いほどスッキリわかる！「ローマ史」集中講義
教養として知っておきたい、古代ローマ千年の興亡史
長谷川岳男 940円

老いの矜持
人生八十年時代を〝潔く美しく生きる〟老年の美学
中野孝次 780円

図説 地図とあらすじでつかむ！日本史の全貌
「古代」「中世」「近世」「近代」――流れが見えると歴史は面白い！
武光 誠 1170円

老いの特権
縛られず、迷惑かけず、たまに尊敬されるヒント
ひろさちや 860円

江戸の暮らしが見えてくる！吉原の落語
江戸っ子の〝粋と艶〟の素顔が見える「廓噺」厳選15
渡辺憲司【監修】 980円

図説 地図とあらすじでわかる！平清盛と平家物語
争乱の世を生き抜いた「非情の覇者」の意外な実像に迫る！
日下 力【監修】 1190円

40歳になったら読みたい李白と杜甫
知られざる生きざまに、思わず胸が熱くなる！
野末陳平 900円

増税のウソ
もっともらしい言葉の先に待ち受ける驚きの現実とは？
三橋貴明 800円

図説「無常」の世を生きぬく古典の知恵！方丈記と徒然草
こんな時代だからこそ、もう一度読んでおきたい人生哲学
三木紀人【監修】 1190円

日本の小さな大企業
ゼロから世界ナンバー1になった、6つの逆転ドラマ
前屋 毅 880円

図説『新約聖書』がよくわかる！パウロの言葉
世界中にキリスト教を広めたパウロの伝道とその生涯に迫る
船本弘毅【監修】 1190円

心が折れない働き方
「世界一の職人」が教える、ブレない強さを身につける法
岡野雅行 860円

たとえば、元ＩＭＦ専務理事ドミニク・ストロスカーン逮捕を巡る一件は、今もさらなる争いとなって尾を引いている。ここでは、少しさかのぼり、まずはストロスカーン自身が証言した逮捕にまつわる裏事情についてあらためて説明したい。

ＩＭＦ専務理事ながらアメリカの支配層から距離を置いていたフランス人のストロスカーンは、リビアのカダフィ大佐らとともに、ＩＭＦが基軸通貨ドルに取って代わる金本位制の国際通貨（ＳＤＲ）を発行する国際金融体制を築こうとしていた。

この動きを阻止するための工作として、大統領選を巡ってストロスカーンとライバル関係にあり、アメリカの支配者層の代弁者であるサルコジ大統領が一計を仕掛けた。過去にも女性スキャンダルのあったニューヨーク滞在中のストロスカーンのもとに、女性工作員を送り込んだのだ。

その結果、ストロスカーンは彼女への性的暴行容疑をかけられ逮捕される。その後の釈放までの流れを見れば、サルコジと彼を動かした勢力の狙いがＩＭＦ専務理事の首をすげ替えることにあったことはあきらかだ。

実際、裁判に持ち込まれれば事件の矛盾点が多数指摘されることになるため、ストロスカーンがＩＭＦ専務理事の職を退いたのを見届けた時点で、彼への訴追は取り下げられた。そうしてサルコジの思惑通り、Ｇ20やＧ７で議題に上るはずだったＳＤＲの話題は逮捕騒動の後に立ち消えになっている。

一方、ストロスカーンとともに名前が挙がったカダフィにはより激しい攻撃が加えられた。リビアは侵略され、カダフィは殺された（生存説も存在する）。このリビアへの侵略絡みでも、国際規模のトラブルが発生している。

リビアが転覆した本当の理由

リビア侵略をはじめ、数々の石油泥棒戦争の一大スポンサーである英国王室と関係が深いのが、英大手石油会社のＢＰ。同社はエクソン・モービルなど他国の石油会社を追い落とし、現地での石油利権を確保している。

だが、その強引な手口が反感を買ったのか、ＢＰは二〇一一年五月にロシア国営石油最大手ロスネフチと北極圏における石油開発事業の提携を目指したが、結局は破綻。この時の提携に関して、ＢＰのロシアでの合弁会社ＴＮＫ—ＢＰＴＮのロシア側株主から訴訟を起こされるなど、同社は事実上ロシアを締め出された形となっている。

ここで気になるのは、ＢＰがロシアから追い出された後、ロスネフチと新たに提携したのがロックフェラー一世が創業したアメリカの大手石油会社エクソン・モービルだったことだ。その契約の際、エクソン・モービルは手土産としてテキサス州などアメリカ国内にある複数の油田の一部権益をロシアに渡している。おそらく、ドル石油体制維持のため、プーチンを抱え込もうという作戦なのだろう。ロシアにとって、この提携がビジネス的に非常にうま味のある話であったことは間違いない。

この一連の動きは、欧米の支配階級の間に明確な立場の違いが生じていることを示している。まず、ＮＡＴＯ軍（＝英・仏・伊）によるリビア侵略や各地のエネルギー資源を奪うための戦争自体、彼らの思い通りになっていない。

たとえば、カダフィ殺害の目的はリビアの資産を強奪することだった。これまでリビアは、欧州の闇の支配者の中核であるロスチャイルドの支配する中央銀行を持たない数少ない国のひとつだった。このため、リビアの一三〇〇億ドル超の外貨ファンドの名義人はカダフィ本人と彼の息子たちであり、またリビアの石油利権の名義についても同様だった。

侵略を受ける数年前から、カダフィはロスチャイルドが刷る裏づけのないユーロ、米連銀が乱造するドルでは石油を売らない方針を打ち出していた。またすでに述べたように、リビアはストロスカーンらとSDRを推進する一方で、アフリカ各国と金本位制のアフリカ独自通貨ディナールの準備も進めていた。

つまりリビアは、今も裏ではアフリカ植民地支配を続けているイタリア、フランス、イギリスから攻撃されるに足る存在だったのだ。その結果、リビアは見せしめとして侵略を受け、最高指導者とその家族は資産を奪うために殺害された。

ここで思い返してほしいのは、ロスチャイルドに操られている反カダフィ派の国民評議会が最初にしたことだ。彼らはカダフィ勢力を追い落とすと、政府を作るより先に拠点を置くベンガジに中央銀行を設立。そしてカダフィ殺害後、国民評議会は一三〇〇億ドルに上るリビアの外貨ファンドの名義をカダフィ一族からそのベンガジ中央銀行へと移行させようとしている。

その狙いが実現した時に実現する〝自由で民主的なリビア〟の真実の姿は、中央銀行がロスチャイルドの支配下に入り、資源と富を奪われる他のアフリカ諸国と同様の隠れ植民地だ。

大義名分のなさが彼らの焦りを物語る

しかし、カダフィの残した富の名義人は本人とその息子たちである。カダフィが死亡しても、彼らの思惑がすんなりと通るとは考えにくい。裁かずにカダフィを死に至らしめた挙句、その名義人の権利を一族から剥奪することは法的にも難しいだろう。しかも、今回のカダフィ殺害に関する情報がまだ錯綜しているため、ビンラディン殺害劇の際のように殺害された人物が影武者であった可能性も今の段階では否定できない。

むしろ、闇の支配者側の力が落ちている今、NATO軍のリビア侵略に関する違法性と、それを命令したヨーロッパの指導者たちへの国際法に基づく刑事責任が問われる可能性もある。少なくとも、NATO軍（英・仏・伊）がリビア侵攻の際に見せた一般市民への非人道的行為や内政干渉は、明らかな国際法違反だ。

以前とは異なり、ここ数年の欧米権力階級の振る舞いには、イラク侵攻時の「大量破壊兵器」のような表向きの正義が欠けている。多くの人々を騙す建前のストーリー作りがないことは、彼らの焦りや余裕のなさを明確に物語っているように見える。

実際、ＣＩＡの協力者など複数の情報源から、ロスチャイルドやその他欧米の闇の支配者たちに対する金融犯罪裁判が始まったという情報が入ってきている。この裁判で焦点となるのは、彼ら闇の支配者たちが、ケネディ大統領暗殺以降ずっと非同盟国の資金を盗み続けてきた、という疑惑である。

少し横道にそれるが、現時点で伝えられた金融犯罪の闇のカラクリについて触れておこう。長年不正の舞台となってきたのは、世界の中央銀行の中央銀行とされるＢＩＳ（国際決済銀行）だ。

公的資金を横流しする仕組みがある

ＢＩＳ本部のあるバーゼルにおいて、総会と呼ばれる定期会議が隔月で行われている。そこには日本、アメリカ、イギリス、ドイツ、フランス、イタリア、カナダ、ベルギー、オランダ、スイス、スウェーデンという一一カ国の中央銀行総裁が参加する。しかし、この総会の他に、最上部での意思決定を行う委員会がある。会議に参加するのは、ひと握りの委員のみ。

彼らが決めてきた事項のひとつに、各国政府などの公的資金を民間に横流しする仕組みがあるという。その仕組みを英語では「Trading Platform（トレイディングプラットホーム）」と呼ぶ。発案者は、野田首相にＴＰＰ参加を決断させた元国務長官のヘンリー・キッシンジャーだ。

このTrading Platformとは、まず他人名義の口座（たとえば、非同盟国名義の口座）と残高などを同じにしたウリ二つの「鏡口座」を作り、本物の口座から資金を引き出すという詐欺のカラクリだ。

たとえば、ドワイト・Ｄ・アイゼンハワー（第三四代米国大統領）の孫にあたるデーヴィッド・アイゼンハワーは、一〇枚のケネディ債を「鏡口座」のカラクリを使って運用し、莫大な資金を稼いでいる。しかし、ケネディ債はアメリカ政府の財産であり、デーヴィッド・アイゼンハワーという個人がそれを運用していること自体ありえない話なのだ。

欧米金融システムの頂点では、このような方法を使った詐欺行為が長年にわたり横行してきた。つまり公のお金が、特にケネディ時代以降、一部の民間人によって横領され続けてきたのだ。

しかし、このカラクリが解明されてきたことで、徐々に「鏡口座」の多くが凍結され始めている。その影響はこれから続々と見られるようになるだろうが、すでに欧米の支配階級にぶら下がる組織に資金が回らなくなってきている。私の情報源のひとりであるアメリカのフリーメーソン工作員も、資金不足を漏らしている。

今後は表と裏の両サイドで、ますます富を巡る綱引きが激しくなっていくだろう。先ほど紹介した貿易収支を元にした世界地図でいえば、借金まみれになっている欧米の国々は、富める国から富を奪う方法を練り続ける。

裏では、互いに権力の座を譲ろうとしない欧州とアメリカの闇の支配者たちが、分裂しながら勝ち逃げを狙っている。

日本人の金融資産を狙う闇勢力

いま騒がれているユーロ圏の問題も、この争いの延長線上で起きたものだ。当初は、ドル石油勢力がFRBとドルのシステムを延命させるために演出していたのがギリシャ危機だった。ところが、ユーロという仕組みが抱えていた問題があらわとなり、今や危機は欧州全体に広がっている。

ユーロの現実として、ヨーロッパ諸国は全体的にほぼ対外赤字国である。ドイツと北欧がいくら豊かだとはいっても、危機に陥るギリシャ、イタリアなどの地中海諸国を助けることは自国民の強い反発もあり、政治的にも難しい。

しかもギリシャやイタリアが債務超過に陥ると、現実問題としてそれは一国だけの問題にとどまらなくなる。現在、フランスの銀行はギリシャへの資金提供がかさみ、すでに自己資本比率は一％を切っている状態だ。この先ギリシャやイタリアが倒産すれば、連鎖的にフランス、スペイン、ポルトガルなども確実に倒産へと向かうだろう。

ユーロを維持するためには、やはり日本、ロシア、中東、中国などからの資金援助が必要になってくる。

ところがロシアと中国は、侵略戦争ばかりしているＮＡＴＯ加盟国に対して、〝どうせ軍事侵略行為に使われるのだから、お金は貸したくない〟と考えている。そのため、ユーロ崩壊の事態に備えて、ドイツ政府はすでにユーロ導入の際に廃止されたドイツマルクの印刷を始めているようだ。

　また、フランス政府もフランスフランの印刷準備を進めている。

　ギリシャをはじめとする地中海の赤字国も、いずれはドラクマなど、独自の通貨を発行して国の再建を図ることになる。その時、欧米の闇の支配者によって長期計画されていたEUを基盤とする欧米人主導の世界政府計画も完全に終わることになるだろう。

　一方、ユーロ危機を仕掛けた側のアメリカの状況はさらにひどいものになっている。

　詳しくは第三章で述べていくが、大前提として、実質的にアメリカは完全に倒産しているのだ。いま本当に考えるべき課題は、今後アメリカをどのようにして再起動していくかということに移っている。

　だがドル石油体制を維持したい金融資本家と軍産複合体勢力は、現在もオバマ政権に強い影響力を保ち、世界金融システムから手を引かず、粘り強い抵抗を続けている。この構図が崩れない限り、前出の地図で示した豊かな国々が、アメリカ立て直しのための資金を提供することはありえない。

　そこで危険にさらされているのが、長年にわたり日本人が貯めてきた富。一四〇〇兆円を超える個人金融資産だ。

日本国内から外国勢を手引きする人々

富が多く流出した小泉・竹中の売国時代と同じように、日本のお金が狙われている。アメリカ優位が揺るがないTPP交渉もその一環だ。本来、国を守るべき立場の政治家や官僚たちは右往左往するばかり。とくに財務省上層部の人間は、日本の現体制を維持しようとするあまり、円高介入という形で資金を貢ぎ続ける結果となっている。

また、これまで対米追従型の条件反射で動いてきた官僚やエセ右翼などは、今なおこの不安定な世界情勢が単にアメリカと中国の対立によるものだと信じている。このままでは大切な国富が海外へ流失し、闇の支配者たちの延命と勢力争いに使われてしまう可能性が高い。

いま日本に必要なのは愛国心を持ち、正しい道を選ぶことができるリーダーだ。

七、八年前まで、日本の将来に危機感を持ち、政界に活力や勇気を与えることを目的として、元テレビ局プロデューサー大谷哲郎氏などの演出による演劇「世直し劇」が毎年のように行われていた。

そこに役者として参加していた人のほとんどは、当時の現役国会議員や財界人だった。現総理大臣の野田佳彦や孫正義、原口一博、枝野幸男、石井紘基、河野太郎、石原伸晃、中川昭一、渡辺喜美、上田清司など。他にも多くの人々が集まり、そこに参加する皆が新たな日本維新を目指して自身を奮い立たせていた。

しかし、そのような政財界の人々の思いは、日本を植民地に仕立て上げたい闇勢力の意に沿うものではない。すでに当時から、民主党が政権をとった場合でもこれまで通り日本の政界が闇勢力やその下請け日本人に従うよう、工作が進められていた。

その作戦の重要な部分を占めていたのが、当時、民主党議員だった石井紘基氏の見せしめによる暗殺だった。石井氏は生前、一部から共産主義者のレッテルを貼られることもあったが、実際には日本から国富が逃げていくことを防ぎ、この国の倒産を避けようと純粋な愛国心を持って必死に働いていた人物だった。

彼を暗殺した命令系統はハッキリしている。殺害命令を下した大本は、世界に分散する闇勢力の中でもファシスト的な勢力であるパパブッシュの一派だ。そして、その日本における手先が、マイケル・グリーン（Michael Green）という日本担当エージェントだった。彼の上には、ブッシュの他にカート・キャンベル、ジェイムズ・ベイカー、ジェラルド・カーティスなどがいる。

また、グリーンの下には複数の売国奴政治家が存在していて、その中には小泉純一郎、中曽根康弘、小沢一郎などが含まれている。

石井紘基は長年の調査の末に、この売国奴ネットワークが日本の富や国民の貯金を外国勢力に流している、という確実な証拠をつかんでいた。しかし、これらの情報を二〇〇二年一〇月二八日に予定されていた国会質問で明らかにしようとした矢先に殺害されてしまった。

彼が集めた証拠資料の一部は事件現場から鞄ごと持ち去られたままだが、その他に残された膨大な資料は、今も数カ所に分散して厳重に保管されている。

闇勢力の実力行使は手段を選ばない

最終的に殺害の下請けをされたのは、日本のヤクザ組織だった。石井氏を刃物で刺殺した実行犯、伊藤白水がある人物に宛てた手紙には、彼に殺害命令を直接下した人物の実名が記されている。また、あるヤクザ組織の中枢人物が石井氏殺害の指示者を名指しした証言も録音されて残っている。

そして、石井氏が殺された後、世直し劇の演出を手がけていた元テレビ局プロデューサーの大谷氏も、口封じと見せしめのためにレインボーブリッジから東京湾に投げ落とされた。表向きは自殺で処理されているが、発見された時にはまだ息があり、その後に病院で殺された。

こうしたケースに該当する事件を挙げるなら、「自殺」とされている当時の日本債券信用銀行（二〇〇一年にあおぞら銀行に行名変更）の頭取だった本間忠世氏や、沖縄のカプセルホテルで「怪死」した野口英昭氏なども口封じでの殺害だ。

先述したあるヤクザ組織の中枢人物など複数の証言によると、石井氏の死の真相を追っていた私もターゲットとなっていたようだ。

実際、何度となく脅迫めいた電話やメール、尾行を受けている。とくに大阪のテレビ局からホテルへ移動していた時、後ろをつけていた高級車は、石井氏が暗殺される直前まで付近で目撃されていた車と同じ車種だった。

私が命を張ってまでこのようなことを書くのには理由がある。

闇の支配者の中でもサバタイ派（詳細は一三一ページ）が危険なのは、選民思考があり、世界は一部のトップエリートによって運営されるべきだと信じ、そのためには手段を選ばず、武力の行使も辞さない点にある。

パパブッシュ一派が軍産複合体、ロックフェラー勢力と結託し、大きく力を伸ばしていた時期、彼らはニュー・ワールド・オーダーの実現に向けて確実なステップを踏んでいた。第三次世界大戦を起こし、地球上から四〇〜六〇億もの人間を削減。終末思想を広め、生き残った人間を奴隷化し、一部のトップエリートによる世界独裁政権を成立させる。

まるでSF映画のような計画を真剣に実行に移し、実際にある程度まで実現させていた。だが、サバタイ派の急進的すぎる計画は穏健派と呼べる闇の支配者勢力によって邪魔をされ、また彼ら自身のミスもあって停滞している。だが、サバタイ派はあきらめてはおらず、計画を実現させるために必要な資金源を確保しようと躍起になっている。

日本の隠れ資産が集まる三つのファンド

彼らの狙いは、日本を資金源のひとつとし、これまで以上に国富を奪うことだ。すでに多くの日本人が知っている通り、この国は長く対米従属を続けている。つまり、闇勢力による直接のコントロールを受けやすい、世界でも数少ない国のひとつなのだ。

現在一部の売国奴ヤクザが日本銀行に対して圧力をかけているというのも、闇勢力が日本国民から富を奪い続けるためである。私は、彼らの下請けとなっているヤクザには日本版ＣＩＡのような国を守る組織になってほしいと願っている。

しかし、彼らがこうした売国奴行為をやめず、また私が殺される、もしくは行方不明になるようなことがあれば、各都道府県の警察や検察及び警視庁、検察庁、Interpol（インターポール）、ＦＢＩ、国内外のマスコミ各社などにあてて、一連の証拠テープやビデオ、手紙などを一斉に送る用意ができている。

もうひとつ、闇勢力が狙う日本の隠れ資産についても書いておこう。これは戦後の歴史の裏で常にささやかれていた「Ｍ」資金とも密接に関わっている話だ。

第二次世界大戦が終わると、日本にいくつかのファンドが密かに作られた。そのうちのふたつが、有名なGolden Lilyと「M」資金。そして、もうひとつ存在していたのが〝キーナンファンド〟だった。これは、戦後「A級戦犯」を裁いた東京裁判で首席検察官を務め、日本の軍人を守ろうと奔走したアメリカ人ジョセフ・キーナン（Joseph Keenan）のファンドだった。

ジョセフ・キーナンがそうした行動に出たのは、純粋に裁判における公平な視点と正義感からだった。この情報を私に伝えたのは、ニール・キーナン（Neil Keenan）という人物。ジョセフ・キーナンとは実の兄弟であり、戦後GHQでマッカーサー将軍の仲間として共に働いた米軍人ジョージ・キーナン（George Keenan）の甥っ子である。

現在の日本のGDPは昭和最後の年より低い。さらに、かつて〝一億総中流〟と謳われた日本が、今では先進国の中でアメリカに次いで二番目に格差の大きい国になってしまった。しかも、闇勢力マフィアに盗まれたお金は次々と世界人類の人口削減計画につぎ込まれているのだ。日本もこの勢力から解放されなければならない。

本章の終わりとして、日本の右翼、ヤクザ、警察、検察、自衛隊などに呼び掛けたい。日本を救うための行動に出てほしい、そして日本に存在するサバタイ派売国奴ネットワークを解体するために力を発揮してもらいたい。

闇勢力の命令に従う日本の用心棒たちは、彼らの野心、むごい計画の本当のところがわかっていないように思える。国民から富を盗む片棒を担がされる見返りに連中から小銭をもらうより、日本を守ってほしい。

この国が日本紙幣の発行権を外国勢力から取り戻せば、現在闇勢力から支払われるお金の倍は得られるようになるだろう。しかし、このままいけば組織全体が飲み込まれ、消失することになる。

数年前に言論で彼らに呼びかけたことがあるが、これまでにそれに対する彼らからの反論はない。反論がないのであれば、どうか話に耳を傾けてほしい。

第三章　〝大変革〟へ向けて動き出した世界

こつ然と消えた顧客の資産

ニューヨーク証券取引所に上場していた「MFグローバル・ホールディングス」という会社をご存じだろうか。二〇〇七年にイギリスの大手金融会社から分離独立した同社は、デリバティブ取引のブローカーとして広く知られ、日本をはじめ世界各地に拠点を開設。ニューヨーク商品取引所（COMEX）の金属取引、ニューヨーク・マーカンタイル取引所（NYMEX）のエネルギー取引の売買高ではトップに立ち、アメリカの金融大手として事業を拡大していた。

ところが二〇一一年一〇月三一日、MFグローバル・ホールディングスはニューヨーク連邦破産裁判所へ破産法第一一条の適用を申請した。イタリアやスペインなどの国債に多額の投資を行っていた同社は、ギリシャ危機に端を発したヨーロッパの金融危機のダメージで資金繰りが逼迫。やむなく破産法の適用を選んだのだという。

裁判所への提出書類によると、二〇一一年九月末時点の負債総額は三九六億八三九一万ドル（約三兆九六〇億円）だった。大型の破綻案件だが、レバレッジという毒薬に手を出した金融資本家の末路としては、めずらしいものではない。

しかし、ＭＦグローバルのケースは見逃せない問題をはらんでいた。彼らは顧客の資金を盗み、運用していたのだ。

管財人の発表によると、ＭＦグローバルの顧客口座から消えたのは一二億ドル（約九三億円）。破綻当初は六億ドルと見込まれていた被害額は、調べてみると二倍だったわけだ。同社のある顧客はＭＦグローバルの口座に一三〇万ドルの資金を預けていたが、破綻前後から資金にアクセスすることができず、救済処置として新たな証券会社へと口座が移された時、残っていた資金は二四万ドル相当だったという。

しかも、責任を取るべき経営陣は金の行方がわからないととぼけている。以下は、上院の公聴会の内容を伝えるブルームバーグの記事だ。

経営破綻した先物ブローカー、米ＭＦグローバル・ホールディングスのヘンリ・スティーンカンプ最高財務責任者（ＣＦＯ）は、所在がわからなくなっている顧客資金12億ドルについて、どこにあるのか知らないとし、同社の口座や資金移動に直接関与していなかったと述べた。

スティーンカンプCFOは13日に開かれる上院農業委員会の公聴会のために準備した証言で「これらの資金の所在がなぜ把握できないのか分からないが、前もって私に不足に関する報告がなかった事実に基づけば、破産申請の直前に起こった出来事に起因する何らかの不正があった可能性が高いようだ」としている。

同CFOは、MFグローバルが連邦破産法11条の適用による会社更生を申請した前日の10月30日に不足について知ったと主張している。

MFグローバルのブラッドリー・エイビロー社長兼最高執行責任者（COO）も所在がわからなくなっている資金がどこにあるか知らないと述べている。同氏は同じ公聴会のために準備した証言で「顧客資金の所在が分からなくなっているという事実に深く心を痛めており、何が起こったのか正確に知りたいという点で国民と同じ気持ちであることに間違いない」としている。

米商品先物取引委員会（CFTC）や米証券取引委員会（SEC）、米司法省が所在の分からなくなっている資金について調査している。

（2011年12月12日　ブルームバーグ）

本来、口座には分離制度があり、会社の金と顧客の資金が混じらないよう定められている。これは顧客の保護にとって極めて重要な決まり事で、証券会社が自己売買で出した損失を埋めるために顧客の資金に手をつけることは許されない。

法律は厳格に整備されており、監査も行われ審査もある。しかし、ＭＦグローバルの例は、金融資本家が多額の損失を出した時、手をつけてはならない顧客の口座から資金を奪う気になれば、それはたやすいのだということを白日のもとに晒した。

しかも、ＭＦグローバルのアメリカでの扱いは破綻の寸前まで信頼に足るものだった。というのも、ニューヨーク連銀からプライマリーディーラー（政府公認ディーラー）に指定され、米国債を取引する認可を与えられた証券会社だったのだ。

あの投資会社が再び暗躍

この事件からハッキリわかるのは、強欲な金融資本家の活動はなんらあらためられておらず、闇の支配者たちは自分たちに都合のいいようにルールを変え、今日もマネーゲームに興じているということだ。コツコツと貯めた資産の運用先としてＭＦグローバルを選んだ人々は、まんまとしてやられた。運用という名のギャンブルの負けだけでなく、その穴埋めのために賭けてもいない金を盗まれたのだ。

こうしたことは水面下で何度となく繰り返されてきた。リーマンショック後、金融資本家の強欲に鎖をかけようと規制についての議論は高まった。しかし、基本的には何も変わってはいなかった。

ウォール街でのデモが「我々は九九％だ」と訴える通り、富を握る一％は反省などしていない。金融界と政府の間には明らかな回転扉があり、レバレッジの種銭を集めては、伸るか反るかの勝負をかける。

問題を表面化させたＭＦグローバルは、英国ヘッジファンド、マン・ファイナンシャルの証券ブローカー部門として誕生。分離独立後も、タックスヘイブンのバミューダで運営されていた。そして二〇〇八年には多くの同業者と同じく商品デリバティブで巨額の損失を出し、ＭＦグローバルという船は沈没しかけた。これを救ったのは、二〇〇七年の新生銀行へのＴＯＢで日本でも話題となったプライベートエクイティのＪ・Ｃ・フラワーズと公的資金だった。

日本のバブル崩壊後、J・C・フラワーズは「大きすぎて潰せない」とされていた日本長期信用銀行との取引を通じて注目を集めた。その後、日本長期信用銀行は国営化され上場廃止。新生銀行として再出発するが、その時に暗躍して日本政府から多額の手数料を受けとったのがゴールドマン・サックスやJ・C・フラワーズだ。

この時、日本政府は不良債権買戻しに関して三年間の保証を求められ、まんまとしてやられている。新生銀行は不良債権の処分にこの政府保証を使い、政府に四六〇億ドルを超える不良債権を抱えさせたのだ。

こうした取引の末、J・C・フラワーズは日本長期信用銀行への当初投資に対して六〇〇%の収益を上げたとされるが、本来日本で課税されるべき税を一円も払わずに逃げ切っている。金は巡り巡ってつながっているのだ。

トップの独断で行われたユーロ買い

二〇一〇年三月、元ゴールドマンサックスのCEOであるジョン・コーザイシがMFグローバルのトップに就任。この人事を手引きしたのはＪ・Ｃ・フラワーズのＣＥＯのクリストファー・フラワーズで、コーザインはニュージャージー州の知事再選に失敗したばかり。一般の投資家にとって重大な決定は、富める金融界と政界が勝手に下していく。

そして二〇一一年二月、コーザインは五年のうちにＭＦグローバルを投資銀行に変革すると意思表明した。そのための手段がレバレッジだった。選んだ投資先はユーロ圏の債券。不安定なユーロ圏に六三億ドルもの資金をつぎ込んだ。

各国が緊急救済され、ボンド債権が額面価格を取り戻すことに賭けたわけだ。しかし狙いは外れ、資産価格が下落。同社は現金担保のコール（買い）の増大に直面した。

結局は緊急救済が間に合わず、ＭＦグローバルは賭けに負け、他の誰かが勝利した。九月末のＭＦグローバルのバランスシートを見ると、その賭け金の大きさがハッキリする。

同社の株式資本は一二億三〇〇〇万ドルだったが、資産は四一〇億五〇〇〇万ドル。レバレッジで狙った変革は失敗した。ベア・スターンズやリーマン・ブラザースと同じ道をたどったわけだ。

破綻後、ＭＦグローバルのような証券会社を規制する米商品先物取引委員会（ＣＦＴＣ）

の会長は、同社から消えた顧客の金の調査から外れた。彼には、ゴールドマン・サックスでコーザインとともに働いていたという過去があったからだ。

ウォール街の一角に人々が集まり、金融資本家とその向こう側にいる闇の支配者たちに反攻の声を上げている。寒いニューヨークの冬を乗り越え、春を迎えるころにはより大きな広がりを見せているだろう。

山火事は森が乾燥している時にしか燃え広がらない。カナダのアドバスターズから発せられた不満の声も、人々が潤い、金融界で行われている欺瞞に気づいていなければ拡散しなかった。いま人々は格差に怒りを感じ、一％の持てる者が繰り返す茶番劇への不満は大きく膨れ上がっている。

ＭＦグローバルの一件は、持てる者たちが反省などしていないことを明らかにした。森は今、カラカラに乾いている。火は燃え広がるばかりだ。

震災後の円高で急襲された個人投資家

ＭＦグローバルの破綻は対岸の火事ではない。

さほど大きな会社ではないが、日本にもMFグローバルのグループ会社があった。FX業界で老舗の部類に入るMFグローバルFXA証券だ。純資産は一九億円、預かり証拠金は二五億円と比較的小規模な業者だが、同社はすでに営業を休止。政府は「日本の消費者や投資家への影響はほとんどない」との見方を示している。

しかし、もし自分の口座がそこにあったらと考えれば、金融資本家によるグローバルネットワークの恐ろしさを実感できる。破綻したのがMFグローバル本体ではなく相対取引をするFX業者だったとしたら、顧客の金はさらに深い闇へと消えているだろう。この先、FRBのドルが崩れていく局面では、いくつものFX業者が潰れる可能性がある。その時、個々人の金が保護される保証はない。

もし、多くの資金をFXに投じている読者がいるなら、乱高下する相場でのひと儲けを考えるより、口座から資産を引きあげることをおすすめする。強欲で狡猾なプロに打ち勝つのは至難の業だからだ。

たとえばあの東日本大震災後、パニックに陥った市場で巨額の儲けを手にした勢力がいる。MFグローバルがユーロ圏における敗者の例だとするなら、震災後の混乱に乗じてギャンブルに勝った勢力についても触れておこう。

震災から六日後の三月一七日早朝。円ドルは一ドル七六円二五銭を記録し、これまでの最高値を更新した。ニューヨーク、ニュージーランドのウェリントン、シドニー、東京と、為替市場は二四時間開いている。しかし、ニューヨークが引ける日本時間の朝方は取引量が少なくなる。

円ドルのギャンブルで欲を満たそうとした金融資本家は、その時間帯を狙った。あの時期、市場には震災で深刻なダメージを受けたにもかかわらず、円が急騰する理由として、生保や損保が災害に際して海外資産を売って円に替える「リパトリ（Repatriation）」があるという見方が広まった。

しかし、これも情報操作されていた可能性が高い。実際の為替相場は、一ドル七九円台からほんの二〇分で三円以上の円高に振れていった。この動きで大きなダメージを受けたのがＦＸに参加していた個人投資家だ。一九九五年に記録した七九円七五銭という最高値のラインが抵抗線という専門家の声によって、多くの投資家は円安に戻すと見込んでドル買い・円売りポジションを持っていた。

しかも、震災後の節電の影響もあり、明け方の日本で海外からの攻撃を予測し、準備していた投資家はほとんどいなかった。レバレッジをかけ、なけなしの金を運用していた彼らは、金融資本家に狙い撃ちされ強制ロスカットの餌食になったわけだ。

貯蓄から投資へ。この掛け声で、個人の金を市場へ引っ張り出しているのは誰か。その点をしっかり考えてから行動に出てほしい。市場に漕ぎ出した時、戦う相手はマネーゲームを本業とする、強欲で油断できない生き物たちなのだ。

個人投資家が高値づかみする理由

またこの夏以降、大した材料もないまま株価の乱高下が続いていることに疑問を感じている人も少なくないだろう。特に、ニューヨーク・ダウが一日で二〇〇ドル以上振れることもめずらしくない。表向きはユーロ圏の財政危機と、その対応についての楽観、悲観が理由だといわれているが、真実は別のところにある。

この半年の乱高下の特徴は、毎日のように株価が大きく上下する点だ。しかも、大きくプラスになった後は、大きくマイナスに転じる。アメリカの状況は厳しく、ユーロの危機の先行きも見えない。それが理由だとすれば、株価は一直線に下落しているはずだ。

しかし、不安なニュースが流れれば下がり、政府の対応が報じられると楽観論から値が上がる。実態は変わっていないのに、情報による人々の不安心理が相場を動かすのだ。

ここに金融資本家たちは儲けのチャンスを見出している。

不安の高まりで動く個人投資家が多ければ多いほど情報は操作しやすい。今度はスペイン、次はイタリアが、と刺激してやればいいだけだ。金融資本家から金をもらっているアナリストや知識の乏しい金融ジャーナリストは、ニュースを大げさに伝えて不安を煽る。

そのタイミングを狙って、金融資本家は小さな波紋を起こす。市場に影響力を持つトレーダーが大きく売って、株価を動かす。それに影響を受けた人々が動くことで、振れ幅は大きくなり、仕掛けた側は買い戻しで利を得ることができる。

危機と呼ばれているものの実態は何も変わっていないのに、株価が一気に下落すると個人投資家は損失を限定するためにあわてて損切りに向かう。彼らが頼みとしている専門家たちは、損切りをアドバイスするからだ。そして、仕掛けた側が買い戻しでひと儲けしたことで値が逆に戻り始めると、不安から売る必要もないのに売ってしまった、という後悔から今度は買い戻す。

その時、アナリストは「悪材料は出つくした」などといって盛り上げる。この買いの流れができたところで、またひと仕掛け入り、株価が下落に転じる……。いま起きている乱高下は、こうした流れの繰り返しだ。取引量が増え、得するのは金融資本家であり、ニューヨーク・ダウは予測通りに動かされている。

イラン空爆を目指す米英とイスラエル

一方、日本政府が闇勢力の隠れみのであるオバマ政権を支えることは、経済面だけでなく、安全保障上も日本の国益を脅かす危険なことだ。

たとえば、現在オバマはイラン核兵器開発疑惑を巡る問題でNATO軍、イスラエルによるイラン攻撃を支持している。しかし、当局筋に太いパイプを持つ米国人ジャーナリストであるトム・ヘネガン（Tom Hennegan）などによると、イランのアフマディネジャド大統領は生粋のサバタイ派勢力の一員である。つまり、最初から連中の仲間であり、この危機は戦争経済によって覇権を維持しようという茶番劇なのだ。

アフマディネジャドは一九七九年にイランで発生した「イランアメリカ大使館人質事件」において建物を占拠したグループの事実上のリーダーでもあった。その当時、彼の上にいたのがＣＩＡ工作員ティム・オズマン、つまりはビンラディンであり、その上司がパパブッシュだった。

この事件はパパブッシュが副大統領に就任した一九八〇年の大統領選の前に発生し、再選を狙う当時の大統領ジミー・カーター陣営を不利な状況へ追い込む目的で工作された。この時、彼は意図的に事件を長引かせ、大統領選までカーター政権に人質事件を解決させないよう人質を解放しなかった。

つまり、世間では欧米と敵対しているかのように見えるイランのアフマディネジャド大統領も、実は第三次世界大戦を起こそうとする派閥の中心的な人物のひとりなのだ。

このイラン問題は、Ｇ５（英・米・仏・伊・独）諸国の悪質な脅しのカードだ。オバマと英国のキャメロン首相は、イランの核兵器開発疑惑を巡る問題で軍事的措置をほのめかし、しきりにマスコミの前でイラン制裁を呼びかけている。その意図をくんだ英米イスラエルのマスコミは、ＮＡＴＯ軍もしくはイスラエル軍がまもなくイランの核施設を空爆すると何度も報じている。

「アメリカ軍とイスラエル軍が史上最大規模の合同軍事演習を行った」「イスラエル空軍機がイタリアのNATO基地から飛び立ってイラン空爆の練習をしている」「アメリカ軍がイランを空爆するならイギリスは支持する」といった内容だ。

イラク戦争の時と同様、先に制裁してから空爆し、軍事侵攻するという流れになるという説もある。イスラエルのペレス大統領は、「イスラエルや他の諸国は、イランの脅威を取り除くために空爆する方向に進んでいる」と表明している。

そもそも、イランの核兵器開発疑惑をリークしたのもアメリカだ。国連のIAEA（国際原子力機関）をけしかけ、亡命中のイランの反政府勢力から手に入れたというノートパソコン内に残されたデータを証拠とし、イランが核兵器を開発していると指摘。

衛星写真の分析から、テヘラン近郊の軍事施設に置かれたコンテナ内で実験用の核兵器関連の爆発物が製造されているという。またIAEAの報告書には、核弾頭を作るためのコンピュータプログラムの開発も進んでいるという内容が盛り込まれた。

だが、これらの証拠はアメリカが用意したものであり、捏造《ねつぞう》でなくイラン政府の本物のデータであるかどうかは疑わしい。事実、イラン政府は証拠が捏造されたものだと反論している。仮にイランが軍事施設のコンテナ内で爆発物を開発していたとしても、核兵器用でなく国際的に認められた通常兵器用かもしれない。衛星写真のデータだけで核兵器開発の決定的証拠だと主張するのは、かなり無理があるだろう。

開戦に向けて暗躍するFBI

また、アメリカは別の方向からもイラン情勢の悪化を狙った工作を行っている。二〇一一年九月、米国の捜査当局はニューヨークの空港で五六歳のイラン系米国人、マンソール・アルバブシアを逮捕した。

その容疑は、駐米サウジアラビア大使の暗殺計画だ。アルバブシア容疑者はイランと米国の二重国籍を持ち、イランに住んでいる親戚のひとりは、革命防衛隊の国外活動組織である「コッズ軍」の幹部をしているという。

アルバブシア容疑者はその親戚からの指示を受け、メキシコの麻薬組織に接触。麻薬組織の殺し屋を雇い、駐米サウジ大使が出入りするレストランに爆弾を仕掛ける計画を進めていたというのだ。この計画を事前につかんだ捜査当局は、メキシコからアメリカに帰ってきたアルバブシアの身柄を押さえた……と発表されている。

逮捕までの経緯については、毎日新聞が詳しく報じている。

起訴されたのは、イラン旅券を保有する米国籍のマンソール・アルバブシア（56）、コッズ部隊の隊員、ゴラム・シャクリ（年齢不明）の両被告。

11日記者会見したホルダー司法長官らによると、アルバブシア被告は今年5月、メキシコの麻薬密売組織の関係者に150万ドル（約1億1500万円）の報酬を提示し、アデル・アルジュベイル駐米サウジ大使を爆殺するための要員の提供などを依頼した。アルバブシア被告はその後、シャクリ被告の承認を得て、報酬の前金100万ドルを麻薬組織側の銀行口座に振り込む手続きに関わったという。

しかし、この麻薬組織の関係者は、米麻薬取締局への情報提供者だったために計画が発覚し、アルバブシア被告は9月29日にニューヨークで逮捕された。調べに対し、コッズ部隊の高官から暗殺を指示され、大使をワシントン市内の飲食店で爆殺する計画だったと証言しているという。シャクリ被告はイラン国内で逃亡中。
事件を受け、米財務省は11日、両被告とコッズ部隊の司令官ら計5人を資産凍結制裁の対象に指定した。ホワイトハウスによると、オバマ大統領は同日、アルジュベイル駐米サウジ大使に電話をかけ、サウジ政府との連帯を伝えた。
79年の革命で王制を打倒したイスラム教シーア派国家のイランは、スンニ派で親米の王制国家サウジと対立している。コッズ部隊は対外工作を行うイラン革命防衛隊のエリート組織だが、イラン政府は公式には存在を認めていない。

（毎日新聞　2011年10月12日）

この逮捕劇が不自然なのは、捜査当局であるＦＢＩ（捜査局）とＤＥＡ（麻薬取締局）のおとり捜査によって事件が発覚したという点にある。メキシコの麻薬組織の代理人と称してアルバブシアに接触していた人物が実はＤＥＡのおとり捜査員で、アルバブシアに対してメキシコの麻薬組織を紹介するから、彼らにサウジ大使を暗殺させるべきだと提案したというのだ。

そして、ＤＥＡとＦＢＩは、おとり捜査員がアルバブシアと話した内容を録音。証拠として裁判所に提出した。しかし、実際に録音内容を確認すると、おとり捜査員は積極的に暗殺計画を持ちかけているものの、アルバブシアは計画に乗り気でない様子が伝わってくるという。

米国籍の活動家も躊躇なく殺害

実は、ＦＢＩやＤＥＡがおとり捜査と称して容疑者をテロにけしかけた例は、過去にいくつもある。一九九三年のニューヨークの世界貿易センタービル爆破計画事件や、九五年のオクラホマ連邦ビル爆破事件などがその代表例だ。

今回のサウジ大使の暗殺計画も、アルバブシアやその背後にいるとされるイランの企てではなく、アメリカが自作自演をしかけた可能性が高い。

彼らが革命防衛隊とその傘下にあるコッズ軍に狙いを定めたのは、軍事的な影響力の強さに目をつけたからだろう。コッズ軍は最高指導者ハメネイ師直轄の軍事・諜報組織であり、少なくともイラクやレバノン、アフガニスタンなどで、親イラン勢力の武装組織を支援し、軍事訓練や非正規戦を行わせている。

また、シーア派の盟主であるイランは、ペルシャ湾岸地域の権益を巡ってスンニ派が支配するサウジアラビアと伝統的に対立関係にある。となれば、イランがサウジの駐米大使暗殺を狙うという流れは、一定の信憑性を持っている。

真実味のあるストーリーに自作自演による嘘をまぶし、戦争の発端とするのはアメリカが得意とする手法だ。そして大統領選での再選を狙うオバマは、ドル石油体制の維持を目論む勢力や軍産複合体勢力などからの圧力により、戦争経済による景気回復を目指してなりふり構わぬ行動に出ている。

その具体的な事例が、イエメンでのある人物の殺害事件だ。

二〇一一年九月末、イエメンを拠点として活動していたアメリカ国籍の活動家アンワル・アウラキが、CIAとアメリカ軍特殊部隊による無人機からの攻撃で殺害された。

海外にいるアメリカ国籍を持つ人物を超法規的に殺したことについて、アメリカ国内でも合法性が問われている。ところがオバマは、「国を脅かす危険人物である場合、大統領は国内外を問わず超法規的措置を行使して米国市民を殺害する権限がある」と堂々と主張。

こうした姿勢からも彼が戦争を望み、手段を選ばず動いていることがうかがい知れる。

無人機からの攻撃で多数の民間人が犠牲に

軍用無人機（プレデタードローン）による攻撃が激化している。

たとえば二〇〇九年八月、夜陰に乗じてパキスタン南ワジリスタン州にある小さな村にプレデタードローンが侵入。二発のヘルファイヤーミサイルを発射し民家を爆撃した。標的となっていたパキスタンのタリバン指導者バイツラ・メースドが夫人とともに死亡した。

また二〇一〇年五月、同じくパキスタンの北ワジリスタン州。アルカイダの設立メンバーのひとりとされるムスタファ・アブ・アルヤジドが、主要都市ミランシャ近郊の道路を移動中に同様の攻撃を受け、殺害されている。

九・一一の自作自演以降、ブッシュはプレデタードローンにミサイルを搭載する手法を好んできた。日本から遠いアフガニスタン、イエメン、パキスタンの山岳地帯が主な舞台となっているため、この不気味で非人道的な攻撃方法を問題視する声は少ない。

しかし、こうした成功事例はむしろ特殊なケースで、ドローンによる攻撃の（アメリカ側から見た）成功率は低い。標的はいつも軍事指導者クラスだが、実際に命を落としているのは民間人や兵卒レベルの人間だ。

地上での敵の情報収集が進んだこともあり、オバマはドローンでの攻撃をさらに多用するようになった。就任からわずか二年間で、ブッシュが任期を通じて認めた攻撃の実に四倍のドローン攻撃を許可している。ブッシュ政権期は四〇日に一度の割合でドローン攻撃が実施されたのに対して、オバマ政権になってからは四日に一度の比率でドローン攻撃が実施されているのだ。

しかも、こうしたドローンを操縦しているのはアメリカ国内にいるパイロットであり、アメリカ軍は安全圏からの遠隔操作で人殺しを進めている。

たとえば、ＣＩＡのドローンパイロットは、東岸の首都ワシントンの郊外のヴァージニア州ラングレーにあるＣＩＡ本部の地下から、一万一〇〇〇キロ離れたカブールでの戦闘に参加している。アメリカ軍のドローンパイロットは、ラスベガスから北西に自動車で約一時間のネバダ砂漠にあるクリーチ空軍基地にいる。彼らは第四二攻撃航空隊と呼ばれ、ネバダ基地からドローンを操作し、任務を終えるとラスベガスに帰宅。パイロットは「戦闘通勤者」と呼ばれているという。

軍産複合体の未来予想図

宣戦布告もなく、戦地にも赴かず、ただただ情報を収集して敵を絞り込み、攻撃する。しかも、正確なはずのドローン攻撃は二〇〇九年のパキスタンだけで七〇〇人の民間人を犠牲にしており、その数は攻撃回数の増加とともに増えている。

だが標的の殺害も民間人への誤爆も、パイロットにとってはモニターの向こう側の出来事だ。軍産複合体が売り込む未来の戦争は、気持ちを暗くさせる。それでも、すでにイスラエルでは一トンの輸送能力を持つ、より大型のドローンが実用化され、テキサス州ヒューストンでは警察が偵察用ドローンを採用。アメリカ上空に、自国民を監視するためのドローンが飛ぶようになった。

「ニュー・ワールド・オーダー」を信奉する闇勢力は、実体なき未来の戦争を当たり前のものにしようと、オバマ政権を利用している。彼らは「イランの核開発疑惑」を根拠に何とか第三次世界大戦を始めようと、いまだに機会を狙っている。

事実、オバマは米韓首脳会談後の共同記者会見で、イランが駐米サウジアラビア大使を暗殺しようとしたとされる事件について、こう語っている。

「危険かつ無謀な企てだ。代償を払わせる」と述べ、今後の対処に関して「国際社会を動かし、イランを一段と孤立させる」と語り、経済制裁を強化する方針を説明。さらに「あらゆる選択肢を排除しない」として軍事侵攻の可能性もほのめかした。

また、CIAの情報源の話では、オバマはすでにイスラエル政府に対してイラン空爆の許可を出しているという。

しかし、ペンタゴンの一部勢力はオバマやその背後にいる闇の支配者たちに従うつもりがないことを表明している。もしイラン空爆が始まるようなことになれば、ペンタゴンが割れる騒ぎに発展するだろう。第三次世界大戦を始めさせる前に、アメリカ国内でクーデターが起きる可能性もある。

だが、アメリカ軍の一部はまだ闇の支配者たちの意向に従って動いているため、イラン空爆、ペンタゴンにおける一部高官のクーデターという事態になれば、内戦に発展するだろう。こうした状況を前にして、ドル石油体制、軍産複合体勢力を操る闇勢力、ロックフェラーやブッシュ、キッシンジャーなどは、自らの立場が危うくなっていることをよく理解している。

ペンタゴンの情報源によれば、二〇一一年一〇月にブッシュ一族はアメリカ国外への逃亡を試みたが、ペンタゴン内部の反旧体制勢力によって足止めされたという。北米から出ることが許されない以上、ブッシュ一族が潔く降参するつもりがなければ、そのうち人々によって吊るし上げを食うことになるはずだ。

次なる標的となったシリア

イランと並んでキナ臭さを漂わせているのがシリア情勢だ。

でっちあげの中東の春から約一年、カダフィのリビアに続いて、今度はシリアが狙われている。闇の支配者たちが資源国ではないシリアのアサド政権の転覆を企てている理由は、中東での戦乱の拡大にある。

すでにシリアには、リビアでの任務を終えた特殊部隊がリビア民兵になりすまして、国境を越えて侵入。民主化を求めるデモ隊を装い、混乱に拍車をかけている。一方、アメリカは原子力空母ジョージ・ブッシュをペルシャ湾からシリア方面に展開。駆逐艦を含む艦隊に守られたこの空母は、四八機の戦闘機など七〇機の航空機を搭載する能力を持ち、シリア上空の制空権確保を狙う。

この動きは、NATO軍の艦隊がリビア沖合に集結した作戦と酷似している。中東と北アフリカでの革命騒ぎから、できるだけ多くの利益を引き出そうとしているのだ。

一方、シリアのタルトスにはロシアの海軍基地が存在する。現在のところ、この基地はロシアが国外に保有する唯一の基地だ。歴史は古く、四〇年前のソ連時代の施設をそのまま保持することがシリア、ロシア間で合意されている。

とはいえ、シリア情勢が悪化するまでは特に注目を集めることもなく、駐留しているロシア軍も黒海艦隊に付属する五〇名ほどだった。ところが、昨年のソマリアの海賊掃討作戦の際、空母アドミラル・クズネツォフが寄港。さらに、ネウストラシムイ級駆逐艦がアデン湾から母港バルチスクに帰還する前、この基地に停泊している。

そして現在、原子力空母ジョージ・ブッシュの動きに呼応するかのように、ロシア軍はタルトスへ軍艦を派遣したと報じられている。あわせてロシアのセルゲイ・ラブロフ外相は、シリアのバシャール・アル・アサド大統領がデモ隊に血の弾圧をしていると主張する欧米勢力に対し、同国の騒乱は内乱であると反論。

これに対して、アメリカ国務省のマーク・トナー・スポークスマンは「シリアは内乱状況にある」というロシアの見解を否定し、「アサド政権は無垢なデモ隊に対して暴力、恐喝、抑圧のキャンペーンを推進している、と考えている」と語った。

第三次世界大戦を望む闇勢力の一派は、NATO軍の「人道的介入」とされたリビアへの侵攻と同じ状態を演出しようとしているのだ。

闇の支配者たちへの裁きが下る日

こうした軍事行動と並行し、金融戦争も激しさを増している。

その一端は、ここ日本で繰り広げられた。二〇一一年一一月、リチャード・アーミテージ、ジョゼフ・ナイ、ジョン・ハムレ、マイケル・グリーンといった米戦略国際問題研究所（CSIS）の対日震災復興タスクフォースのメンバーが来日。前後して、ディヴィッド・ロックフェラーの息子であり、現在はロックフェラー財団の理事長に就任しているデイヴィッド・ロックフェラー・ジュニアが夫人のスーザンとともに来日した。

ディヴィッド・ジュニアは石巻の漁業施設を視察した後、参議院議員会館で議員らを前に講演会を開催した。表向きは日米の震災後の経済連携、協力関係の重要性、人的交流の重要性を述べたようだが、実際は震災復興利権の分配について圧力をかけたのだろう。

震災直後、被災地にはアメリカ軍から二万人の〝トモダチ〟が駆けつけ、この「トモダチ作戦」は日米のメディアで絶賛された。しかし、八〇〇〇万ドル（約六七億円）の予算が計上された「トモダチ作戦」は、無償の行為ではなかった。

民主党と自民党は「思いやり予算の特別協定」を可決。その有効期限は従来の三年から五年に延長され、今後五年間、日本はアメリカ軍に現行水準（約一八八〇億円）と同等の予算を支払い続けることを決めている。

また、ディヴィッド・ジュニアと日をおかず来日していたヘンリー・キッシンジャーは、野田首相と会談。日本から金を引き出そうとする要求を突きつけた。しかし、現実にはTPP参加への圧力をかけるという小さな目的を果たしただけで、キッシンジャーもロックフェラー・ジュニアも、手ぶらで日本を出ることになった。

その背景には、世界中で吹く闇勢力への逆風がある。

ハワイで開催されたアジア太平洋経済協力会議（ＡＰＥＣ）の首脳会議でも、闇勢力の傘下にあるオバマがなんとか日本や中国から金を引き出そうと動いたが、成果は得られなかった。また、ＣＩＡにいるホワイトドラゴン関係者によると、闇の支配者たちの一部を相手にした裁判がアメリカで始まったという。

まず、やり玉に挙がるのは米連銀の大株主である欧米貴族たちのようだ。彼らがケネディ大統領の暗殺以降、繰り返してきた金融のカラクリを使った詐欺的行為が裁かれ、アジアの王族の富を返還させるための裁判となる。

この画期的な裁判の証拠集めは、二〇〇九年六月に一三四五億ドル分の米国債を所持していた日本人ふたりがイタリアで不当な拘束を受けた事件から始まっている（この事件については『闇の支配者たちが仕掛けたドル崩壊の真実』［小社刊］で詳しく掘り下げているので、参考にしてほしい）。

加えて、すでに述べたスイスでの会議では、オバマを擁立した勢力が違法な手段で世界中の資産を私物化してきた証拠も暴露されたという。ただし、彼らが盗んだドルについてはすでにアメリカ国外での有効性が凍結されている。その結果、追い込まれ、身動きの取れなくなった闇勢力や軍産複合体勢力は、G5各国やNATO軍を使い、イランを攻撃して第三次世界大戦に持ち込もうと必死になっているのだ。

世界各地で活動するサバタイ派

ここで、本書に何度も登場するサバタイ派について説明しておきたい。彼らは闇の支配者たちの一派閥であり、非常に危険な存在だ。

その歴史は古く一七世紀半ばにトルコで活躍したユダヤ教徒サバタイ・ゼビ（Sabbatai Zevi）までさかのぼる。サバタイ・ゼビは各地で自分がユダヤのメシアであることを説いて回り、小アジア、ヨーロッパ、ロシアにまで多くの熱狂的な信者を集める存在となった。

だが、為政者の怒りを買ったサバタイはトルコの皇帝によって投獄され、「本当に救世主だというのなら、ここで奇跡を起こせ。できないのであれば、死刑を受け入れるか、イスラム教に改宗しろ」と迫られる。

サバタイはイスラム教徒となり、一〇〇万人以上のサバタイの信者たちも彼にならって改宗した。しかし、それは表向きのことだった。サバタイと彼の信者たちはイスラム教の内部に入り込み、イスラム世界全体を乗っ取ることを企てたのだ。

このサバタイ派では二一世紀となった今も代々救世主が選出され、イスラム教徒やキリスト教徒のふり、またはユダヤ人のふりをしながら、約一〇〇万人の信者が存在し続けている。そして、彼らの権力を生み出してきた源は、通貨を無から作り出し、分配する権利を持つBISを本部としたG5の中央銀行だ。

かつてこの仕組みは輪転機と紙によって賄われていたが、現在は極めて少数の人間だけが知る特殊なコードを入れることで、モニタ上に入力された数字が実行力を持ったマネーとなる。

私が彼らをサバタイ派マフィアと呼ぶ理由は、彼らがユダヤでもイスラムでもキリスト教徒でもないからだ。サバタイ派は神ではなく、古代エジプトの太陽神、ルシファーを崇拝している。彼らの信じる太陽教では、「この世に神は存在しない」とされており、その教えから飛躍し、「神がいないのであれば、救世主であるサバタイとその信者である我々には、聖書にある預言を実現させる使命がある」と信じている。

ソ連崩壊の裏にもサバタイ派がいた

そんなサバタイ派が実現させようとしているのは、「旧約聖書」の「エゼキエル書」と「新約聖書」の「ヨハネの黙示録」に登場する、「二つの大国、ゴグとマゴクの最終戦争（ハルマゲドン）」という謎に包まれた預言だ。

「ヨハネの黙示録」にはこう書かれている。

この千年が終わると、サタンはその牢から解放され、地上の四方にいる諸国の民、ゴグとマゴクを惑わそうとして出て行き、彼らを集めて戦わせようとする。その数は海の砂のように多い。彼らは地上の広い場所に攻め上がっていき、聖なる者たちの陣営と、愛された都とを囲んだ。すると、天から火が下がってきて、彼らを焼き尽くした。

サバタイ派はハルマゲドンを経て神の国が開かれると信じ、それを実現するのは自分たちだと考えている。第二次世界大戦では、サバタイ派ユダヤ人をはじめとする闇の支配者たちが連合軍と枢軸国の二大勢力を操り、戦争を起こした。

たとえば、ナチスの台頭の裏には彼らの暗躍がある。ナチスに石油を供給していたのは、ロスチャイルド系のロイヤル・ダッチ・シェル。ロックフェラーのスタンダード・オイルはアウシュヴィッツで使われた毒ガスを製造したIG・ファルベンと提携関係にあった。そして、ドイツのウォーバーグ銀行頭取だったマックス・ウォーバーグは、ユダヤ人ながらヒトラーに資金提供をしている。

六〇〇万人もの罪のないユダヤ人がホロコーストで命を失う中、サバタイ派は難を逃れ、米ソ冷戦時代を演出していく。一九六〇年代から四五年続いたこの時代の主役は、ロックフェラーを筆頭とするサバタイ派だ。彼らはドル石油体制を築き、軍産複合体を操った。激しく対立しているように見えたアメリカとソ連は互いに噛ませ犬にすぎず、核戦争の恐怖を煽ることで世界中の富を集めていったのだ。

事実、ロックフェラー家はロシア革命の直後からソ連にさまざまな投資や援助を行ってきた。一九二二年に米ソ商工会議所を設立したのは、ロックフェラー系のチェース・ナショナル銀行であり、スタンダード・オイルは革命と内戦で疲弊していたソ連に石油精製施設を建て、経済復興に協力。その後、チェース・ナショナル銀行はソビエト国立銀行設立のために動いている。また、ディヴィッド・ロックフェラーはたびたびソ連を訪問してはフルシチョフと会談を重ねてきた。

一九九一年のソ連崩壊後、ロシアの最初の大統領となったボリス・エリツィンを支えたのはチェース銀行の幹部でロックフェラーの息のかかったロイ・チョークだ。しかし、こうした構図に反抗したのが、ウラジミール・プーチンだった。資源企業を国有化し、豊富なエネルギー資源を背景にサバタイ派に反攻。ロシアは、サバタイ派勢力に対抗する国となった。

増大する武器輸出が意味するもの

オバマがサバタイ派勢力の望む戦争への道に加担している証拠はいくつもある。

たとえば二〇一〇年七月、政権内に「輸出評議会」という諮問組織が作られた。目的は輸出を今後五年で二倍にし、米国経済を活性化させようというもの。たしかに、輸出が増えれば国内の生産性が上がり、必然的に雇用も回復する。悪くないプランのように思えた。

しかしフタを開けてみれば、同評議会の議長に就任したのは軍産複合体の一翼を担うボーイング社のCEO、ジム・マクナーニーだった。

その後、ホワイトハウスはサウジアラビアに六〇〇億ドル相当の武器売却を計画し、オバマは議会にこの売買の承認を訴えた。六〇〇億ドルという金額は一〇年間の契約額だが、一国に対する武器輸出としては過去最大級だ。しかも、サウジアラビアに売る武器の内訳が問題を大きくした。

リストに上がったのは、八四機の「F15戦闘機」と一七五機の攻撃型ヘリ「AH-64Dアパッチ・ロングボウ」。当然、両機ともボーイング社製だ。ちなみに、戦闘機の世界でF15はすでに時代遅れの機体。最新鋭機はF35であり、サウジアラビアがわざわざ旧型機を求めたとは考えにくい。

オバマは、この取引によってボーイング社と下請け企業などに全米二〇州で七万五〇〇〇人の雇用が生み出されると強調。また、サウジアラビアへの武器供給はイランを威嚇する意味もある。この他、オバマはインドへの軍用輸送機の売却にも成功。こちらは四一億ドルの商いだが、インドがそれまで同レベルのロシア製軍用輸送機を使用していたことを考えれば、いいビジネスだ。

しかも、インドに送り出す機体もボーイング社製の旧式。輸出が決まる前、同機の生産は中止される予定だったが、急きょ増産されることになった。こうした決定に影響力を及ぼしたのは、二〇一一年一月からオバマの首席補佐官となったビル・デイリー。彼は二〇〇六年からボーイング社の取締役を務めていた人物だ。

イランという危険な国を作っておき、隣国に武器を売り、秘密裏にイランにも武器を流す。コントラ事件を思い出すまでもなく、軍産複合体が得意とする手口だ。

オバマにも追及の手が伸びている

一方で、オバマ政権を含むサバタイ派勢力が権力の座から引きずり下ろされようとする動きも出ている。オバマが標的になっている捜査のひとつは、経営破綻した太陽光発電パネル会社ソリンドラに対する不正融資疑惑についてだ。

採算が取れる見込みのないソリンドラに対して、オバマ政権は二〇〇九年に五億三五〇〇万ドルもの融資をしているが、そのソリンドラの主要株主の一つが二〇〇八年の大統領選でオバマの資金集めに重要な役割を果たした米資産家ジョージ・カイザーの基金だった。

これについては、「ホワイトハウスによる不適切な介入ではなかったのか」と下院共和党に指摘されるなど物議を醸している。

要するに、オバマ政権の経済刺激策の一環としてバラまかれた公のお金の多くが、彼の関係者に渡っていたのだ。ＦＢＩは九月上旬にソリンドラ本社への強制家宅捜査を行い、米政府に対してもこの案件に関する書類等の提出を要求しているが、オバマ陣営は一向に従う様子はない。

もうひとつのオバマ政権を標的にした捜査は、政府機関であるＡＴＦ（The Bureau of Alcohol, Tobacco, Firearms and Explosives――アルコール・タバコ・火器及び爆発物取締局）がメキシコの麻薬組織にＡＫ47などを含む計二五〇〇丁の銃砲を不正に密輸出していた事件だ。この事件に対して、オバマ政権が直接関わっていたとされている。

この件で行われている捜査には、オバマ政権だけではなく、オバマが任命した司法局長官のエリック・ホールダーを追い込む目的もある。オバマに近いこの人物を司法長官のポストから追い出さない限り、アメリカ国内でオバマと彼を操る勢力を法的に取り締まることは実質的に不可能だからだ。

これらふたつの疑惑・捜査について重要なことは、これまでのオバマ絡みの疑惑とは異なり、大手プロパガンダマスコミで大きく報道され、米国当局も公に捜査に乗り出している点だ。当局はすでに両案件の刑事告訴に踏み切っている。その事実は、少し前に欧米権力階級の仲間割れの末に盗聴スキャンダルの渦中に陥れられたメディア王ルパート・マードック率いる大手FOXテレビだけが率先して報道している。

各地で戦争やテロを起こしているG5は世界から孤立しており、彼らの中東の軍事拠点であるイスラエルも同様だ。現在、彼らの権力がおよぶ範囲といえばペンタゴンの正規軍以外のNATO軍、欧米の大手企業マスコミ、一部の超大手銀行、賄賂で手なずけられたワシントンD.C.の政治家たち。三極委員会の長老たちを含む日本の権力層の半分ほどとなっている。

逆に、スイス政府の呼びかけにより新国際金融システムについて話し合う目的でモナコに集まった世界五七カ国金融会議に賛同し、名を連ねる国はすでに一〇〇を超えている。

この他、ペンタゴンの正規軍やCIAのパパブッシュ派閥以外の部署、ロシア軍、中国軍なども新しい世界の仕組みを支持している。
変化の足音は確実に大きくなってきているのだ。

第四章　ユーロ解体へのカウントダウンが始まった

追いつかない危機国への資金援助

ユーロ危機も、まだまだ収束する気配を見せていない。

二〇一一年一二月九日、ＥＵに加盟する二七カ国が集まって開かれた欧州首脳会議では、ユーロ使用一七カ国を含む加盟二六カ国がＥＵ圏の中央管理体制を推し進める新たな提案、「ＥＵ条約改正」に合意した。また、ＩＭＦに対して二〇〇〇億ユーロ拠出する案もまとまった。

しかしイギリスの反対と離脱もあり、集まった額は一五〇〇億ユーロ。ＩＭＦ加盟国の間では、融資を受けた国は民間の債権者より先にＩＭＦへ資金を返済するという共通認識がある。だが、ユーロ圏の大国が支援を要請した場合、ＩＭＦ融資が焦げつくリスクはかなりのものだ。

事実、ＩＭＦの現在の融資能力は三八〇〇億ドルといわれている。そして、この額はイタリア、スペイン両国の来年の借り換え必要額を下回っている。イタリアに必要な来年の借り換え額は三四〇〇億ユーロ（四五四四億一〇〇〇万ドル）で、スペインは一二〇〇億ユーロ（一六〇三億八〇〇〇万ドル）。

もちろんそのすべてがＩＭＦ頼りではないが、ＦＲＢのドルと同じくＥＣＢ（欧州中央銀行）のユーロが信用を失いつつある今、ユーロ圏のマネー不足は深刻なものになっている。

欧州単一通貨ユーロ圏などは国際通貨基金（ＩＭＦ）に２０００億ユーロを拠出し、債務危機への備えを強化することで合意したが、果たして市場を黙らせる「バズーカ砲（巨額の資金投入）」になり得るか。

債務危機の防波堤となる欧州金融安定化基金（ＥＦＳＦ）の融資枠は7月の合意で４４００億ユーロに拡大されたが、ギリシャやアイルランド、ポルトガルへの融資分を差し引くと２５００億ユーロ。ＥＦＳＦの約3割を負担するイタリアやスペインに危機が飛び火したことでＥＦＳＦの根本は大きく揺らいでいる。

債務危機の拡大を受け、米格付け会社スタンダード・アンド・プアーズ（Ｓ＆Ｐ）がユーロ圏15カ国やＥＦＳＦ債の格下げ見通しを発表し、ＥＦＳＦの信用力は大幅に低下した。

このため、ユーロ圏の各国中銀がＩＭＦの一般財源に総額１５００億ユーロ、ユーロ未導入のＥＵ加盟国が５００億ユーロを拠出し、イタリアやスペイン用の安全網を準備。巨額の外貨準備を持つ中国など新興国が追従してＩＭＦに資金を積み増すことに期待を寄せる。

ユーロ圏は「欧州安定化メカニズム（ＥＳＭ）」を1年前倒しして来年7月に常設、２０１３年半ばまでＥＦＳＦを残して併存させるが、上限は計５０００億ユーロ。欧州中央銀行（ＥＣＢ）の国債購入が限定的にとどまるとの見方が強く、イタリアやスペインの国債利回りが上昇するなど市場には早くも失望感が広がった。

（二〇一一年一二月九日　産経新聞）

イギリスが参加二七カ国中で唯一、この協定への参加を拒んだ理由は、国民から発せられた怒りの声だった。

自国の独立を脅かされることに断固反対する一般市民層と、金融街シティが骨抜きにされることを懸念するエリート層との利害が一致し、イギリス国民全体の声として英政府を欧州の独裁支配計画に参加させなかった。

ここからも、欧州系の闇の支配者たちが完全に分裂し始めたことが透けて見える。

EUはドイツの独裁体制になるのか

ドイツやフランスが提出するその「条約改正」案によると、この新協定に参加する国々は財政赤字をGDPの〇・五％以内に抑え、三％を超えた場合には自動制裁が科されることになっている。

これにより、各国が同じ通貨を使用しながら財政運営は個別に行われるというユーロ圏の矛盾は解消されることになるが、ギリシャをはじめとした借金国は実質的にドイツの支配下に入ることになる。CIAのヨーロッパ支局筋によると、ドイツはすでに借金国の経済運営を乗っ取るための特別チームを準備しているという。

しかし、EUが条約改正をしたところで今の欧州全体が抱える問題の本質が変わるわけではない。ユーロ圏の国々には、何より自力で危機を脱するだけのお金がないのだ。ユーロ圏全体が慢性的な対外赤字に陥っている以上、他の地域の国々から支援を受ける以外に問題を解決する方法はない。
だが、国外では信任されないＦＲＢのドルしか差し出すものがないアメリカは、ジェイ・カーニー大統領報道官が「アメリカの納税者はこれ以上、欧州に関わらない」とＩＭＦへの資金拠出を拒否。もちろん、ユーロそのものへの疑念を抱く新興国の反応は鈍い。その実情は表のニュースでも明らかだ。

イタリアやスペインなど欧州の大国が国際通貨基金（ＩＭＦ）に支援を要請した場合、ＩＭＦへの拠出金に損失が発生するのではないかとの懸念が米国などの間で浮上している。

ＩＭＦではこれまで、融資を受けた国が資金を返済できなかったケースや、ＩＭＦへの拠出金で損失を被った国はない。

ただＩＭＦは、ユーロ圏債務危機ですでにギリシャ、アイルランド、ポルトガルに対する融資を決定。今後イタリアやスペインといった大国が支援を仰ぐ事態になれば、ＩＭＦの融資残高が急増する恐れがある。

ＩＭＦに対しては、新興国も資金拠出の拡大を検討しているが、複数の新興国当局者がロイターに明らかにしたところによると、ＩＭＦへの拠出金に対する懸念は、新興国の間でも浮上している。

（ロイター　２０１１年12月９日）

将来的に財政赤字を減らしますと約束しているだけでは、世界の国々を納得させることはできない。

世界にとって、ヨーロッパの国々がリビアを侵略し、その戦争行為によって多くのリビア市民を殺害した罪は、簡単に許せるものではない。その裏にいたサバタイ派マフィアが世界支配計画を完全にあきらめない限り、世界の国々は欧州に資金を提供することはないだろう。

反サバタイ派の牙城であるロシア

一方で、ＥＵ各国によるこの新協定合意のニュースは、一見するとサバタイ派による世界独裁政府樹立に向けた計画が進んでいるかのように見受けられるかもしれない。しかし、彼らが本当に狙っているのは第三次世界大戦勃発という方向だ。

実際、イラン攻撃の可能性が取り沙汰される中、イランのテヘラン西郊にある「革命防衛隊」所属の軍事施設がサバタイ派の工作員によって爆破された。一七人が死亡し、その中にはミサイル開発計画の中心人物も含まれていたという。だが、ペンタゴンの一部勢力、中国軍、ロシア軍は動じることなく、危機は彼らの望むほど高まらなかった。

そこで、サバタイ派はロシアへの工作を始めている。

その一例が、二〇一一年一二月四日に行われたロシア下院選に対するクリントン国務長官の発言だ。同選挙では、与党である統一ロシアが大きく議席を減らしながらも過半数を死守。しかし、選挙結果に対する不正を疑う声が高まり、全国的な反政府デモに発展しつつある。

クリントン国務長官が公式にロシアの下院選に不正があったとの「疑惑」を示したことが、このデモ発生のきっかけのひとつだった。また、アメリカは今回のロシア下院の議会選挙に際して、九〇〇〇万ドルを野党勢力に援助。さらに、サバタイ派のエージェントであるゴルバチョフも、八〇歳の老体にムチ打って反プーチンの動きを煽り、世論を動かそうと試みている。

とはいえ、ゴルバチョフの影響力はすでに低下しており、ロシア側もデモについて、「クリントンが活動家たちに資金と合図を送って起こしているにすぎない」といって冷静な対応を続けている。

しかし、こうした一連の動きはプーチンを陥れるための大々的な工作の始まりにすぎない。サバタイ派の狙いは、ロシアの豊富な天然資源と政情の不安定化。そして、目障りなプーチン首相を失脚に追い込むことだ。

加えて、この動きの背景にはもうひとつの大きな理由がある。

それは豊富な資源力を持つロシアがドイツに急接近しているのだ。

親密さを増すドイツとロシア

二〇一一年一一月には、ロシアからドイツに天然ガスを運ぶバルト海の海底パイプライン「ノルド・ストリーム」が開通。これはバルト海を経由してロシアのブイボルクからド

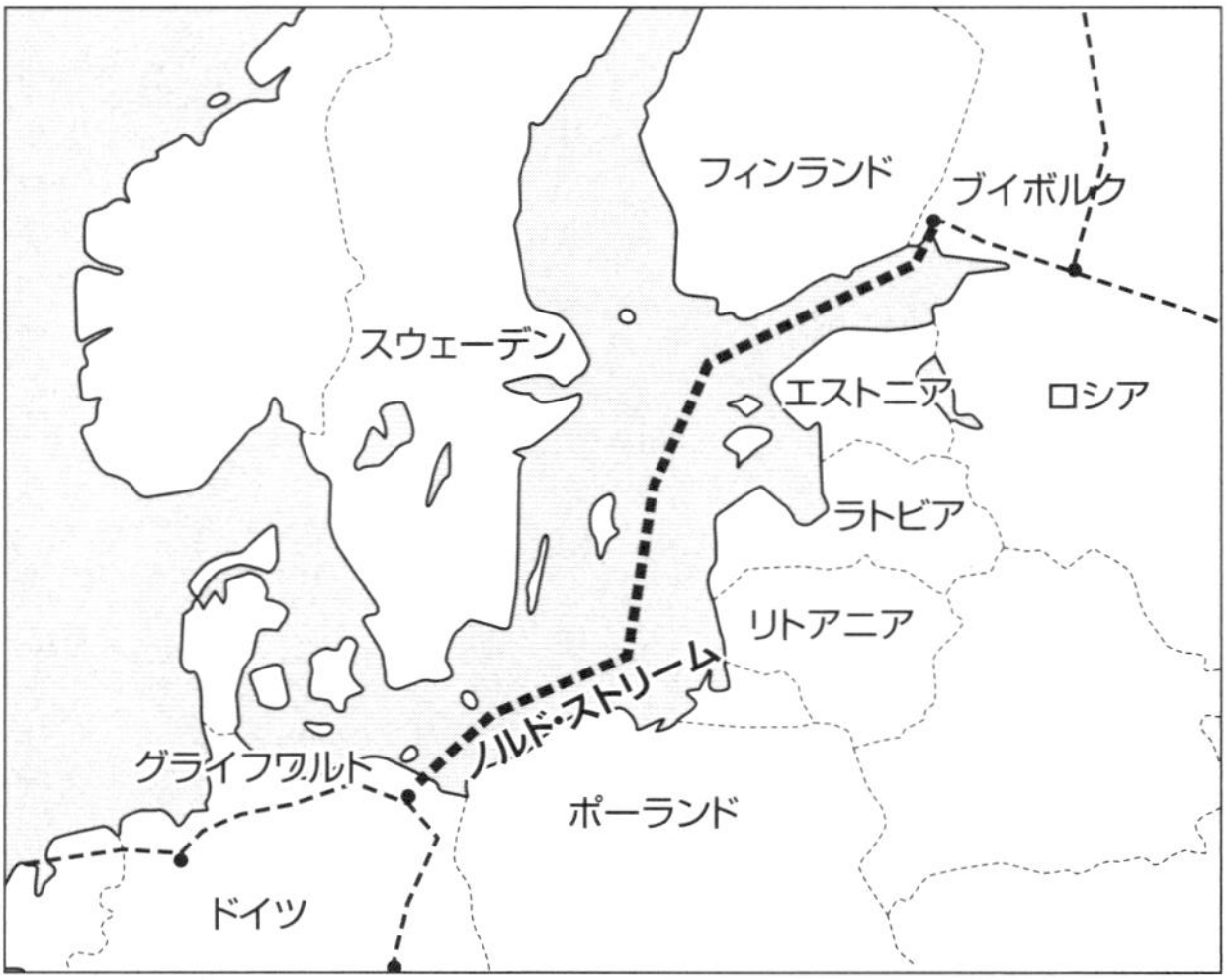

イツのグライフワルトを結ぶ、総距離一二二四キロメートルのパイプラインだ。総工費は海底部だけで七四億ユーロ。陸上部の建設費用も加えれば一四〇億ユーロもの巨大プロジェクトだ。

パイプライン建設が合意されたのは二〇〇五年。プロジェクトを取り仕切ったのはスイスに本社を置く「ノルド・ストリーム社」で、資本比率はロシアのガスプロム五一%、独エーオン一五・五%、独ウィンターシャル一五・五%、蘭ガスニー九%、仏GDFスエズ九%で、事実上ガスプロムの子会社となっている。

プロジェクトはロシアが主導し、ドイツが

全面協力。パイプラインがロシアとドイツに加え、バルト三国海域、ポーランド海域を通るため、沿岸国のフィンランド、スウェーデン、デンマークからも許諾を取る必要があった。当初交渉は難航したが、昨年フィンランドが排他的経済水域での建設を許可し、竣工した。

ドイツ北東部ルブミンで開かれた記念式典には、アンジェラ・メルケル首相やドミトリ・メドベージェフ大統領らが出席。メドベージェフは「欧州は債務危機を乗り越え、ロシアと共に多くの事業に取り組めると信じている」「ロシアと欧州には明るい未来が待ち受けている」などと宣言。

ロシアは直接欧州に天然ガスを輸送できるようになり、メルケルとメドベージェフは開通式で親密さをアピールしていた。

ロシアのユーロ入りで基軸通貨を視野に

日本のメディアから情報を得る限り、ドイツを中心とするEUにとってアメリカやイギリスは同盟国であり、ロシアは警戒すべき脅威という見方になる。だが、実際にドイツにとって大きな脅威となっているのは、金融戦争を通じてユーロを潰そうとするサバタイ派の中の地中海派グループだ。

ドイツがノルド・ストリームなどを通じて、じわじわとロシアとの協調を深めるのは、実は自然な流れだといえる。また、ロシアの貿易の約半分はEUが相手であり、プーチンはWTOに加盟。欧露間の貿易の関税が大きく下がり、経済関係も強化された。さらに、ドイツが上海協力機構への参加を検討し始めたという情報もある。

こうした流れの中で、プーチンは資源という裏づけのあるルーブルと信用力を保ったユーロ圏の国々のユーロを組み合わせ、ドル後の基軸通貨の座を狙う路線を打ち出したことにある。

以前、ドイツのメルケル首相との会談のために訪独したプーチンは、「ポルトガル、ギリシャ、アイルランドに問題があり、ユーロが困難な時期にあるのは知っています。しかし、今後もユーロは信頼できる通貨であり、世界の準備通貨としての地位、役割を占めるべきでしょう」「世界唯一の準備通貨としてのドルの過剰な独占から、我々は脱皮すべきだ」と語った。

しかも、「いつの日か、ロシアがヨーロッパとの共通通貨圏に入ると想像できますか?」という質問には、「大いに可能性があります」と答えたのだ。このプーチンの考えに、ドイツ銀行最高経営責任者のヨゼフ・アッカーマンも同意を表明。「ロシアが（ドイツを中心とする）ヨーロッパの共通通貨に加わることは想像できる」と述べた。

また、ノルド・ストリームを通じて北欧の各国とドイツ、ロシアが協力した点もユーロの将来を占ううえで、欠かせないポイントとなるだろう。いずれにしろ、このドイツとロシアの接近は、闇勢力にとって看過することのできない構造変化だといえる。

政界で暗躍するゴールドマン・サックス人脈

既得権益を守りたい闇勢力は、長年培ってきた人的ネットワークを使って、ユーロ危機後の支配力を守ろうと必死だ。ヨーロッパの状況を見ると、ビルダーバーグ会議やロスチャイルドの息のかかった新たな政府がイタリアやギリシャなどに次々と誕生している。

彼らはユーロの印刷機をあきらめるのではなく、できる限りギリシャやスペイン、イタリアなどに厳しい引き締め財政を強いて、彼らが所有する銀行団への債務返済を図るよう試みるつもりだ。

たとえば、ＥＣＢの新総裁となったマリオ・ドラギ。彼は、かつてゴールドマン・サックス・インターナショナルの副社長やマネージング・ディレクターを務め、ゴールドマン・サックスの経営委員会のメンバーだった人物。

ドラギはその他にも、世界銀行のイタリア人エクゼクティブ・ディレクター、イタリア銀行総裁、ＥＣＢの運営評議会会員、ＢＩＳの理事会会員、国際復興開発銀行とアジア開発銀行の理事会会員、金融安定化フォーラムの議長などを務めてきた。完全に金融資本家側の人間だ。

そして、国民による選挙で選ばれたわけではないイタリア新首相マリオ・モンティの前職は、ゴールドマン・サックスの国際顧問。それ以前は、欧州委員会のイタリア委員であり、ロックフェラーが立ち上げた日米欧三極委員会のヨーロッパ議長も務め、ビルダーバーグ会議メンバーであり、ＥＵ内部の統合を促進する組織、スピネリ・グループの創立会員でもある。

一方、ギリシャの新首相に任命されたルーカス・パパデモスは、ゴールドマン・サックスと共謀して負債隠しを行ったギリシャ銀行の総裁だった人物だ。また、彼は二〇〇二年〜二〇一〇年までＥＣＢの副総裁を務め、モンティと同じく日米欧三極委員会の会員でもある。

こうした人物が送り込まれた結果、ギリシャやイタリアでは〝ユーロ危機を回避する〟という建前で、国民を犠牲に少数の金融資本家に富を集中させる計画が進んでいる。それはかつて南米やアジアで行われた「ショックドクトリン」と同じ手法だ。

結局のところ、現在のユーロ危機は金融規制緩和によって民間の金融機関が国境を超えて欲望のままに活動し、巨額の債務を出したために起きた。金融機関が儲かっている間、彼らは巨額の富を懐に入れていく。だが、破綻が訪れた時には尻ぬぐいを国家、つまりは国民一人ひとりに押しつける。その時、どこからともなく現れる取り立て屋は、いま見てきたように金融資本家の手先たちだ。

国を解体されつつあるギリシャ

たとえば、ギリシャでは〝国民が怠け者だから破綻したのだ〟とばかりに、あらゆる機関が外圧をかけている。「緊縮しなければ支援しない」という脅しだ。EUがギリシャに迫っている改革案をいくつか紹介しよう。

・二〇一五年までに、さらに二万の公共部門の職を廃止し、解雇者総数を一〇万人とすること
・二〇一〇年、二〇一一年に行われた、すべての公共部門での雇用を過去にさかのぼり、即座に撤回すること（二万五〇〇〇人の労働者が職を失う）
・国営公益事業労働者の年金と給与を削減すること
・船員と国営電話会社従業員の年金を削減すること
・すべての国家恩給を二〇一五年まで凍結すること
・六五の公営企業の閉鎖、合併の促進
・灯油の特別消費税増税
・タバコ、酒と奢侈品《しゃしひん》の増税

二〇一一年一〇月、ＥＵはギリシャ国債保有銀行の債権カットを五〇％に拡大するほか、ＥＦＳＦの再強化策を盛り込んだ合意に達した。後者は、民間投資家がギリシャやイタリアなどの国債に投資して損失を出した際、ＥＦＳＦが一部を補填したり、ＩＭＦや政府系ファンド（ＳＷＦ）、民間投資家の資金を呼び込んで、信用不安を抱える国への資金供与枠を一兆ユーロに拡充するというものだった。

この包括救済案がまとまった直後、ヨルゴス・パパンドレウ首相はこの合意を受け入れるかどうか国民投票にかけて、是非を問いたいと発言。もし実際に国民投票が行われていれば、ギリシャのユーロ離脱が現実のものになっていただろう。しかし、パパンドレウは内外から激しい反発を受けて辞任。事実上、ギリシャはＥＵ、ＥＣＢ、ＩＭＦの管理下に置かれ、国としての自立を失った。

なぜ、パパンドレウはあの時点でＥＵの合意に対して翻意したのか。混乱の中で最後のカードを切って見せただけかもしれない。あるいは、政治家として残っていた良心が国民のためにギリシャを守ろうとさせたのかもしれない。

いずれにしろ、ギリシャ社会はパパンドレウ辞任の時点ですでに大きく疲弊していた。

春には公務員の給与や年金額の引き下げが決まり、増税が行われ、ギリシャ人の平均給与は三割近く減少。年金天国と揶揄された年金の水準も平均で一〇〇〇ユーロ以下にまで引き下げられ、増税の影響もあってモノの値段は倍近くに。失業率は一六％を記録し、若年層では二人に一人が失業者という状況だ。

そこに追い打ちをかけたのが一〇月のＥＵによる支援を交換条件とする財政再建策だった。結局、ＥＵ、ＥＣＢ、ＩＭＦのトロイカはギリシャ政府を抑え込み、連携の取れるルーカス・パパデモスを新首相に据え、ギリシャを完全に管理下に置いた。

ギリシャが救われるたったひとつの道

闇勢力はギリシャ危機を通じて奪えるものはすべて奪おうとしている。

ギリシャ駐在のＩＭＦ代表は、執拗に公共部門の仕事と賃金の一層の劇的削減、国家機関の大規模閉鎖と、即座の民営化と国営企業の売却を要求し続けている。公共部門が大きすぎると指摘し、労働者階級を困窮に追い込み、金融資本家はギリシャ国有資産の特売セールでひと儲けしようとしている。

「膨大な資金がギリシャを見つめている」

「民営化プログラムは単なる構造改革ではなく、流動性資産と資本を得るために外国の直接投資を呼び込む方法でもある」

いつか聞いたロジックが幅をきかせているが、ここでも被害を受けるのは国民だ。

金融資本家はかつて南米で、アジアで、自分たちがやったことの意味を十分に理解している。ギリシャではこの先、経済的苦境から自殺者が急増し、治安の悪化が進むだろう。すでに政府の緊縮策に抗議して二〇万人がゼネストに入り、各省庁を占拠してデモを繰り広げるといった混乱も生じている。

アテネ商工会議所のコンスタンチン・ミハロス会頭は、「もし失業率が二〇％という水準に達すれば、経済的に社会的一体性が吹き飛び、差し迫った危機になる」と表明。強力な締めつけの先にある狙いは、「アラブの春」の再現だ。

ギリシャ軍がクーデターを起こし、軍事政権を樹立したのは一九六七年のこと。決して遠い昔の出来事ではない。その後、軍部は八年間実権を握り、現在のギリシャは、再度民主化された後に三〇年以上の年月をかけて育まれてきた共同体だ。

しかし、ギリシャ軍は今も大きな力を持っている。ストックホルム国際平和研究所のデータによると、ギリシャはＥＵの他のどの国よりも多くの予算を軍事に割いてきた。

ＥＵ、ＥＣＢ、ＩＭＦのトロイカがギリシャを締めつければ締めつけるほど、労働者が得る報酬は減っていく。公務員に給料が入らなければストライキをするだろうが、軍に金が入らなくなった場合、事はストライキではすまない。腹をすかせた軍が暴発する事態は、大きな戦争を望む闇勢力にとって歓迎すべき展開だ。

ギリシャ国民は戦争を回避し、アイスランド国民が選んだ道を追うべきだ。つまり、トロイカの押しつけを拒否し、ユーロ圏から抜けることを選び、アイスランドと同じように金融資本家の支配から国を取り返すのだ。

金融資本家に翻弄されなかったアイスランド

二〇一〇年三月、アイスランドは経営破綻した銀行のイギリスとオランダの預金者保護に税金を投入するかどうかの国民投票を行った。それは国民が金融資本家のバクチの尻拭いをするかどうかを問うもので、パパンドレウがやろうとしたことに近い。

その国民投票で九四％のアイスランド国民が税金の投入を拒否すると、ＩＭＦはアイスランドへの融資を凍結。従来のロジックでいえば、アイスランドにこの世の終わりがやってくるはずだ。しかし国民はひるまず、破綻と同時に海外へ逃亡した銀行経営者を指名手配するよう政府に働きかけた。インターポールが銀行家を指名手配し、再び金融資本家が国を支配することがないよう、アイスランドは憲法を改正した。

ギリシャの経済規模から考えて、アイスランドと同じ選択をすることは十分に可能だ。国民投票を行い、トロイカを追い払い、首相を選挙で選び直し、ユーロから段階的に離脱する。通貨は「新ドラクマ」となり、ギリシャの法律下で結ばれた新規契約や国内での納税や支払いにはこの通貨を使い、既存の契約には引き続きユーロを使用する。

その時、銀行は既存のユーロ建ての口座と新ドラクマの口座を両方持つことになるだろう。ギリシャの中央銀行は新通貨を独自に管理し、ドラクマでの物価水準は急騰するだろうが、外部からの支援さえあればハイパーインフレの回避は可能だ。新通貨の対ユーロ相場は市場が決めるため、ドラクマの価値は急激に下がっていくが、結果的にそれがギリシャと国民を救うことになる。

ギリシャがこのシナリオを選んだ場合、ユーロ建て債務のデフォルトは、公的部門でも民間部門でもかなりの規模になるだろう。だが、もしユーロからの離脱、新ドラクマ発行を選ばなければ、ギリシャは金融資本家たちによっていいように切り刻まれ、サバタイ派の策謀によっては欧州圏での戦争の火元となる可能性もある。

アイスランドがＩＭＦに逆らおうとした時、同国は欧米諸国から「北のキューバになる」と脅された。だが、勇気ある決定から二年近くが過ぎ、クローナという独自の通貨を持つアイスランドの経済はゆるやかに回復している。

ギリシャが取るべき進路は明確であり、同じ混乱が予想されるイタリア、スペイン、ポルトガルもまた、ユーロから離脱していくべきだ。

ユーロの未来予想図

これまでも繰り返し言及したが、ヨーロッパにはこの金融危機を解決するだけの金がない。いくら豊かであるとはいえ、ドイツや北欧諸国だけでヨーロッパのすべての国々を助けることもできず、これらの国々にははじめからそうする気もない。

つまり、ユーロに関する騒動はしばらく続く見通しだが、結末はすでに見えている。地中海諸国やバルト諸国は再び独自通貨を発行することになり、ロスチャイルド銀行団に借金が返済されることもないだろう。

水面下では、ドイツが北欧のユーロだけを残して、ドイツ・ロシアを中心としたヨーロッパ支配の準備を進めている。その時メンバーになるのは、ユーロ圏で最上位のトリプルA格を保持している六カ国のうち、ドイツ、フランスを除く、オランダ、オーストリア、フィンランド、ルクセンブルクの四カ国。

ドイツのメルケル首相は、当初からユーロ圏の全体で共通国債を発行することに反対してきた。共通債がトリプルAでなくなることをイヤがるドイツの財界などの総意を反映したものだ。その対策としてフランスがドイツにもちかけたのが、トリプルA格の六カ国だけで統一した財政緊縮を行う財政統合の条約を締結し、共通国債を発行することだった。

こうすれば共通国債はトリプルA格となり、その国債でスペインやイタリアを救うとともに、それを担保にＥＣＢにもユーロ救済を強化してもらえる。それがフランスの描いていたシナリオだった。

しかし、ドイツはより確実な道を模索し、ロシアとの接近を選んだ。フランスがドイツとロシアに協調するとは考えにくく、イギリスとアメリカとの連携を強める他に独立を維持する術はなくなる。あるいは、単独でのユーロを離脱するという選択肢もあるだろう。事実、ルモンド紙の調査では国民の三六％がユーロ離脱、フラン復活という選択肢に理解を示し、シンクタンクのアンスティテュ・モンテーヌはユーロ離脱後の影響を分析、発表している。

また、ロイターもロンドン発として、こんなニュースを報じた。

ユーロ圏が崩壊し、ギリシャ、アイルランド、イタリア、ポルトガルがそれぞれ自国通貨を再導入した場合、これらの通貨の対ドル相場は、現在のユーロの対ドル相場を大きく下回るとの見通しをノムラの外為アナリストが示した。

ノムラのアナリスト、Jens Nordvig氏は5日、1ユーロ＝1・34ドルとの相場に基づくと、ギリシャ通貨の公正な相場は0・576ドル、ポルトガル通貨は0・71ドルになるとの試算を公表。

一方、ドイツの通貨は1・36ドルと、試算の前提となるユーロ相場を上回る。同氏は「過去数カ月間にユーロ圏崩壊のリスクが高まった結果、ユーロ建ての資産や債券を保有する投資家は、契約を国別の新たな通貨建てに変換するリスクにさらされている」と指摘している。

5日の取引でユーロ／ドルは1・3470ドル近辺と、5月初旬につけた年初来高値の1・4940ドルから約10％低い水準で推移している。

（ロイター　2011年12月5日）

ユーロの解体はすでに既定路線となり、準備が進んでいるのだ。

今後はドイツとロシアが中心となった一〇カ国程度の新たなユーロが誕生し、ギリシャはドラクマに、イタリアはリラに、スペインはペセタに回帰していく。為替相場は大きく揺れて一、二年は混乱するだろうが、安定した円を持つ日本人にとってはビジネス、投資、観光とあらゆる面で大きなチャンスがやってくる。

第五章　世界最終戦争を目論む勢力、阻止する勢力

あらかじめ仕組まれていた九・一一

サバタイ派の最終的な目的は、旧約聖書の預言を自らの手で無理やりにでも実現させること。

彼らの脚本では、ふたつの大国、ゴグとマゴクの間に大きな戦争が起こり、それによって人類の九割が死んでいくことになっている。そして残った人類をサバタイ派の奴隷にし、その後の世界を彼らが独裁で治めるというものだ。

この迷惑きわまりないシナリオは、ソ連と西側諸国の対立を構図とした冷戦時代に実現されそうになった。核ボタンが押される一歩手前まで達したキューバ・ミサイル危機時には、ベンジャミン・フリードマン（Benjamin Freedman）を含む複数の内部告発者や現場の軍人などによる判断で、世界は全面核戦争を回避することができた。

今回、第三次世界大戦へを目指す彼らの計画では、アメリカ・フランス・イギリスなどを〝ゴグ〟、ロシア・中国・イランを〝マゴグ〟として、新たな対立の構図を描き出そうとしているのだ。

あまりに突拍子のない話に拒絶反応を起こす人々が多いのも承知のうえで繰り返すが、

長い間、人類の未来は特定の宗教を狂信する一部の人間たちに操られてきた。

詳しくはすでに第三章で述べたとおりだが、彼らは私たちとは相容れないビジョンを持って動いている。しかも、彼らは世界のお金の蛇口を押さえることで生み出した絶対的な権力を誇ってきた。ところが、手に入れやすい果実をすべて収穫し、金融工学という魔法に手を出したことで、彼らの権力に綻びが生じ始めたのだ。

そこで、自分たちの帝国であるアメリカを維持するために自作自演テロを演出。崩れていくふたつのタワーを象徴に恐怖と戦意を煽り、核の使用も辞さない第三次世界大戦へと導く。その間、当の本人たちは南半球、もしくは地下施設に身を潜める計画を立てていた。もちろん世界の人々にしてみれば、狂信的な闇の支配者たちの勝手な都合で戦争に巻き込まれることなど、到底認めることはできない。

それでも彼らは、この事件を起こしたことでその計画を一気に完成させられると考えていたようだ。まず、九・一一の直後に愛国法というナチドイツのファシスト憲法とウリ二つの法案をアメリカ議会で可決させ、アメリカの軍事予算を一気に五倍にまで拡大させた（民間軍事会社への政府支払いを計算に入れた額）。そして、欧米諸国や日本の大手マスコミはすべて、戦時中の大本営発表を彷彿とさせるプロパガンダの支配下に置かれていった。彼らは当時、欧米人や日本人のマインドを従来通りマスコミ（プロパガンダ）で操ることができると信じていた。また、それ以外の考えを持つ人々の声に対しては、彼らが後に計画していた第三次世界大戦で殺してしまうのだから関係ない、とタカをくっていたのだ。

しかし、現実は彼らにとってまったく予想外の方向へ動いた。世界人類の目覚めだ。これについては、インターネットという新たなメディアが最大の役割を果たしたといえるだろう。そして、人々の目覚めを加速させたキッカケは、やはり九・一一の真相追究だった。

支配のカラクリに気づき始めた世界人類

その発端となったのは、ティエリー・メーソン（Thierry Mason）というフランス人ジャーナリストが「ペンタゴンに民間飛行機が激突した」とされる写真を取り上げ、九・一一に疑問を抱かせるような記事を発信したことだった。彼の記事を読んだ複数のアメリカ人ジャーナリストは激怒し、彼の記事を否定するために九・一一についての調査を開始した。

しかし、彼らは検証を重ねるうち、逆に「九・一一は自作自演だった」と認めるようになる。さらには真実を追究する市民ジャーナリストが数多く登場したことで、アメリカ政府が発表するウソに目を覚まし始める人間が急増していった。

まさに、私もその一人だった。それ以後は多くの一般市民も加わり、その首謀者を突き止めようと追究は本格化する。こうして、歴史からひたすら身を隠してきたＦＲＢ創設に携わった株主グループや欧米貴族を中心としたファシスト勢力、つまりは闇の支配者の存在が表舞台に引きずり出された。

あわてた闇の支配者たちは、国際世論を再び操作しようとアメリカ初の黒人大統領を誕生させ、世界に「チェンジ」を約束させた。これが功を奏し、しばらくの間は再び国際世論を動かすことに成功したかのように見えた。しかし、一度目覚め始めた人類をそう長く騙すことはできなかった。

人々に希望を与えるような耳に心地よい演説をしたところで、結局オバマがとった政策は前大統領のブッシュと何も変わらなかったのだ。彼にノーベル平和賞を与えてイメージ作りにも励んだが、現実とのギャップはあまりにもひどく、一般市民の大半は冷めていた。結局、彼らが何を試しても世界人類の目覚めは止まらなかった。

その結果、欧米の支配階級と金融資本家によってこれまで秘密にされてきた数々の金融経済のカラクリに人類が気づき始めた。なかでも致命的だったのは、彼らが独占してきた〝お金を無からつくり出すカラクリ〟が暴かれたことだった。これにより、アンドリュー・ジャクソン、エイブラハム・リンカーン、ジョン・F・ケネディなど、金融を巡って闇の支配者たちと闘ってきた数々の大統領の歴史や経緯を、ペンタゴンやCIA、司法当局の心ある人間たちが学び始めた。

お金を作り出し、社会に分配している連中には法的に何の権限もなく、ただ違法にその権利と金融システムを私物化している。まだまだ一部の人間だが、権力の側にいる人々の中にもそういう認識が広がっていった。そして、二〇〇八年、目覚めた当局関係者や司法関係者の手によって、無からお金を作るカラクリ（金融のコンピュータシステム）がフリーズされたことで、リーマンショックが起こった。

この打撃は世界中に広がったが、闇の支配者たちもまたその権力を失うことになった。彼らはすでに出回っているお金を操作することはできても、無から新たな信用のある貨幣を生み出すことは不可能となったのだ。

その結果、何度となく危機は演出されたが、大規模な戦争には発展せずに今日に至っている。

ペンタゴンやＣＩＡなどの一部勢力、ロシア軍、中国軍の一部勢力など、心ある内部の人間が、闇の支配者の計画を阻止するために動き出している。また闇の支配者同士の争いもあり、事は彼らの思惑通りには運んでいない。

しかし、世界統一独裁政府の樹立を長年目論んできたこの勢力は、このまま大人しく退場するつもりなどない。彼らの最終目的は、今後一〇〇〇年続く第四帝国を築き上げることだ。目的達成のためなら、必ずまた何か恐ろしいことを仕掛けてくるだろう。

彼らの内部関係者を含む多くの情報源によると、闇の支配者たちには有事に際して逃げ込める施設や基地が数多くあるのだという。アメリカにある多くの地下施設はすでに使い物にならないが、ヨーロッパにある彼らの地下施設はまだ健在である。また、パラグアイにあるブッシュ一族の牧場も有力な避難場所となる。

ペンタゴン内部にいるナチグループによると、オーストラリア北方にあるニューギニアには潜水艦基地も存在し、他にも海底の数カ所に基地が点在しているのだという。とにかく、現時点で彼らをあまり過小評価してはならないということだ。

解放後のアメリカはどうなるか

しかしながら、古い体制の崩壊が欧米のみならず世界的に加速していることは揺るぎない事実だ。

一例を挙げれば、キューバとベネズエラが、二〇〇四年に立ち上げた米州ボリバル同盟（ALBA）がある。この同盟には今やボリビア、エクアドル、ニカラグア、ドミニカ、セントビンセント・グレナディーンとアンティグア・バーブーダが加盟。ALBAは、この地域全体に米州自由貿易地域（FTAA）を押しつけようというアメリカの企みに対応して立ち上げられた。

現在、ALBAは経済、社会、文化の領域で無数の協定を結ぶ健全な連帯として発展している。域内では団結と相互利益を目指した貿易が活発化しており、加盟国間ではドルに依存しない取引を可能にする仮想通貨スクレの導入も検討されている。

こうした脱アメリカ、脱闇の支配者の動きは世界中に広がっている。

前章でも見てきた通り、ユーロ崩壊後は、ヨーロッパにおける権力構造の中にロシアが加わることになるだろう。ロシアのプーチン首相は、すでにドイツに接近してユーラシア連合なるものを模索している。これが実現されれば、現ＥＵ圏と旧ソ連圏における経済交流は急激に深まっていくだろう。当面は政治的な融合は見られないだろうが、将来的には対中国防衛の面で協力体制が組まれることは確実だ。

ここ日本国内においても、このサバタイ派の下請けをしてきた日本人たちが和解に向けた交渉に歩み寄りを見せ始めている。

また、闇の支配者たちの手から解放された後のアメリカは、よりアジアへと目を向けるようになる。当面の間、ペンタゴンは組織の存在意義を保つために中国からその周辺国を守ることに徹するだろう。もちろん、その時には日本も全面的に協力すべきだ。

そして、体制が安定してアメリカと中国の信頼関係が深まれば、次にペンタゴンは中国の利権を守る仕事も多く請け負うようになるだろう。事実、ペンタゴンはアフガニスタンにある中国の鉱物資源採掘施設の周辺警護などをすでに行っている。もちろん、将来的にはアメリカの軍産複合体は世界の寄生虫的存在から、いずれは建設的で生産性のあるハイテク産業複合体へと段階的にでもその体質を変えていく必要がある。

問題は、闇の支配者たちが長年にわたり掌握し続けてきた〝お金を発行して、それを分配する〟という権利をいかに私たちの手に取り戻すかだ。それが実現すれば、この先、人類は夢や理想、ビジョンを持って未来に向かう道を決めることができるようになる。

リーマンショック、世界金融危機、ギリシャ危機、アラブの春、東日本大震災、ユーロ危機と頻発する歴史的な出来事は、すべてつながっている。

私たちは、自分たちの未来を大きく左右する戦いの中にいるのだ。

人類の九割を殺して残りを家畜にしようという一部の狂信者たちの計画を支持するのか、貧困や環境破壊をなくし、封印された技術の開発を始めてすばらしい未来を切り開こうという計画を支持するのか、という選択だ。

隷属か、解放か。私たちは今、その分岐点にいる。

封印されていた技術が未来を照らす

結局、この地球は現代の戦争を行うには狭すぎる。

いったん世界で戦争が始まれば、人類のほとんどが死んでしまう。そうであれば、この先は世界平和を選択するしかない。平和な世の中になれば、これまで軍事につぎ込まれてきた研究開発費などを、宇宙探検など他の目的に割り振ることができるようになる。

また、その過程において、これまで封印されてきた六〇〇〇以上はあるというパテントを細心の注意を払って安全な形で開発していくことができる。その先には、すばらしい平和で豊かな時代が切り開かれるはずだ。

おそらく日本に黒船が来航した時のように、人々を驚かせるような新しい技術や生産物が出現するだろう。そして将来、人類は間違いなく宇宙に出ることになる。いずれは地球外生命に遭遇することもあるかもしれない。その時には、調和を重んじるアジア的な発想で建設的かつ平和的に接することが何よりの選択となるだろう。

これから人類にとって未開拓の領域に突入するのだから、こうした多様な可能性を考えて状況を想定しておく必要がある。そのため完全に平和ボケをしていていいわけではないが、基本的にはこれから長い長い平和な時代が始まるはずだ。もうすぐ、人類が自らの手で夢や希望をつかむことのできる日が必ず巡ってくる。文明始まって以来の大冒険がこれから始まるのだ。

しかし、この夢のような話が実現されるにはまだまだ時間がかかる。古い体制の崩壊がさらに進まなければ、サバタイ派が権力を手放すことはないだろう。古い体制が完全に終わるまでの間には、残念ながらさらなる混乱が予測される。特に欧米諸国においては、暴動化も始まりカオスへと状況はエスカレートしていくだろう。

巨額の債権を所有していたふたりの日本人

だが、ここきて私のところに待ちに待っていた情報が届いた。

それはニューヨーク州で国連や欧米政財界の大物が絡む一兆ドル分の債券の盗難を巡る裁判が始まったという知らせだ。

この裁判の目的は、第二次世界大戦中から現在までに闇勢力が詐欺的なカラクリを使って盗み続けてきたアジアや世界人類の資産（金などの宝を含む）を返還させることだ。

私のもとに届けられたこの裁判の訴状の写しには、国連事務総長パン・ギムン（潘基文・Ban Ki Moon）や国連機構、ダヴォス国際フォーラムとその金融担当ジャンカルロ・ブルノ（Giancarlo Bruno）、シルビオ・ベルルスコーニ伊元首相、イタリア財務警察など多くの組織や人物が関わっており、アジアの富裕層で構成されるドラゴンファミリーという団体から金に裏づけられた債券一兆ドル分を盗んだ案件に対する裁判であることが明確に書かれている。

二〇〇九年六月に一三四五億ドル分の債券を所持していた日本人ふたりがイタリアで財務警察により拘束された事件が日本でも報道されていたが、その事件こそがこの裁判へと動き出すすべての始まりであったことは間違いない。ＣＩＡなどを含む各国当局の長期にわたる慎重な国際捜査の末に、ようやくこの裁判は実現した。

事件の始まりは、イタリアＰ２ロッジに属するフリーメーソン最高位33階級に位置する幹部だと名乗る、リオ・ザガミという男が私に接触してきたところまで遡る。

二〇〇九年六月、私との対談のために来日していたザガミは「バチカンなどの裏に存在するイルミナティという組織が、古代から人類の歴史をある方向へと操ってきた。その組織がこれから新しい時代を始めようとしている」と、しきりに話していた。

それとちょうど同じころ、一三四五億ドル分の債券を持ってスイスに向かっていた山口と渡辺というふたりの日本人がイタリアChiaso駅でイタリア財務警察により拘束される事件が起きていた。

事件の第一報直後に「債券は偽造だった」として報道は立ち消えとなったが、それらの債券は中国やインドネシアの金、アメリカの銀などに裏づけられた紛れもない本物だった。しかし事件の背後では、このふたりが所持していた一三四五億ドル分の債権がイタリア財務警察により没収された後、そのままどこかに消えている。

また、一般ニュースで「偽造詐欺事件」と報道されながらも山口と渡辺はすぐに釈放され、イタリアでは何の罪にも問われていない。結局のところ、これは大掛かりに仕組まれた事件だった。そこで当局は、この事件を契機にそうした裏金融犯罪の大本を突き止めようと、今度は別の巨額債券を使って大規模なおとり捜査を開始した。

捜査の糸口となったのは、日本から帰国したザガミが「われわれに預ければ、そうした債券を換金することができる」と再び私に接触してきたことだった。

裏世界の構図が徐々に明らかに

そこで、ホワイトドラゴン関係者であるニール・キーナン（Neil Keenan）がアジアにあった約一兆ドル分の債券を仲介して、ザガミが紹介してきたダニエル・ダル・ボスコというバチカン銀行関係者を名乗るP2ロッジの男に預けることにした。

そして、ダル・ボスコが実際にその債券を手にした直後から、その背後にいる組織や人物を暴き出すためにインターポールやCIA、NSAなどの有志が二四時間態勢で彼の監視を始めた。

もちろん、はじめから換金した後のお金が目的だったダル・ボスコは、債券を換金するため、すぐに中国共産党や米上院の金融委員会などさまざまな所にアプローチをかけて積極的に動き始めた。そうしてダル・ボスコが接触する人間を探るうち、彼の裏にいた黒幕たちが見えてきた。

また、各当局がダル・ボスコの追跡を続けるうちに、パン・ギムンの他に当時のイタリア首相シルビオ・ベルルスコーニなど多くの人物が絡んでいることが判明し、その後もロスチャイルド一族の複数の関係者、アラン・グリーンスパン元米連銀議長、ビル・クリントン元米大統領、バチカンの「闇法王」といわれるピーター・ハンス・コルヴェンバッハ(Peter Hans Kolvenbach)、元イエズス会総長、かつてヒトラーの資金源であったドイツ系一族の御曹司フリッツ・タイセン(Baron Fritz Thysen)など、世界の裏金融に関わる人物や組織が次々と明らかになっていった。

阻止されてきたアジアの台頭

結局、この一連の巨額債券を巡る事件の背後には第二次世界大戦の裏に隠された歴史が潜んでいる。今回の裁判準備を進めるために行われた調査の過程では、そうした多くの歴史の真実も明らかにされていった。

たとえば、第二次世界大戦における日本の対英米開戦後の最初の作戦といわれているマレー作戦では、日本が中国などから奪った金をフィリピンやインドネシアに運ぶためにイギリスが故意に日本軍に完敗したりと、当時の日本と英国が結託していたことなども証明されている。

そもそも第二次世界大戦とは、世界金融システムの独占を完成させるために闇勢力が計画して起こした戦争だった。その目的を果たすためには、ヨーロッパのユダヤ人やアジアの裕福層から金《ゴールド》を奪うことが彼らにとっては必須だった。そうすることによって、闇勢力が管理している金以外をブラックリストに載せて世界の金融市場で流通させないように操作していったのだ。

そうした中、この闇勢力の謀略やその後に始まった「冷戦」に真っ向から反対した非同盟国と呼ばれるグループが、一九五五年〜一九六八年にかけてアジアやアフリカの発展を目指し、闇勢力の支配が及ばない別の国際金融システムを構築しようと動き出していた。

しかし、闇勢力の人間たちはその資金源となる金や資産にも目をつけていた。

そして、この計画に協力しようとしていたジョン・F・ケネディは暗殺され、非同盟国が世界、特にアジアの政府や王族たちから募って用意したその計画の資金源の最高責任者（名義人）だったインドネシアのスカルノも失脚させられてしまった。

アジアの莫大な財力に支えられたその計画によって、アジアやアフリカなどの有色人種の国々が発展していき、白人による世界金融支配が維持できなくなることを恐れた白人優越主義の欧米エリートたちが、そうなる前にアジアの金を奪って闇へと隠したのだという。

闇勢力は第二次世界大戦中からずっとこうした工作を繰り返し、アジアの金を手に入れてはFRBから債券を発行し、それぞれに手渡してきた。これまでに彼らが発行した債券の額面を合計すると数千兆ドルにものぼる。もちろん、債券を発行した米連銀の裏にいる闇勢力には、それらを換金させる気など最初からなかった。

今回始まった裁判で焦点となる一兆ドル分の債券も、そのようにしてアジアの団体に手渡された債券の一部だった。法廷では、米連銀が発行した中国の裕福層や非同盟国の金に裏づけられた債券を〝換金する権利〟を争うことになる。

現在、世界の各国政府やアメリカ軍部などが中心となって闇勢力から世界の金融システムを奪い返す機運が高まっているが、今回の裁判はその大切な第一歩となるだろう。これによって、世界人類やアジアの富裕層がこれまでに奪われてきた富を法的に取り戻す道が切り開かれたのだ。

新たな時代の幕開けは間近に迫っている。

エピローグ

本書では、闇の支配者による理不尽で不可解な世界の支配構造について解き明かしてきた。その全貌が明らかになってきたことで、彼らの仕掛けるカラクリに疑問を感じる人も増えてきている。

なぜ、金融資本家とその背後にいる闇の支配者たちがバクチで失った富を私たちが補填しなければならないのか。時代が平成となってからの二十数年、私たちの暮らしはいっこうに上向くことなく、格差は広がり、どれだけの富が彼らのもとへと吸い込まれていったのか。

疑念は静かに広がり、怒りの声は各地で目に見える形に変わっている。

たとえば、金融資本家と、その背後にいる闇の支配者たちの本丸のひとつであるウォール街。寒い冬もやまぬ〝ウォール街を占拠せよ〟の動きは、金融資本家に対する反抗の声を世界中に伝え、戦後の世界体制、金融資本家とその背後にいる闇の支配者たちによる世界支配構造が終焉に向かっていることを感じさせる。

先日も国際金融機構であるＩＭＦが自ら資金の枯渇を認めたが、これも支配構造終焉を非常にわかりやすく示す出来事のひとつだった。

第二次世界大戦後にデフォルトした、あるいはさせられた国々は最終的にＩＭＦを頼り、資金を融通してもらうことが通例となってきた。つまり、この世界の最後の貸し手がＩＭＦであり、ＩＭＦに勝る国際金融機関などないというのが、現在の支配構造の常識だった。ところが、ユーロ危機に際して、そのＩＭＦの専務理事が資金の不足を正式に表明した。しかも、「世界金融システムは、近々崩壊するだろう」という発言もＩＭＦ上層部から飛び出している。

かつてこうした声はオフレコとされ、大手メディアでは封殺されてきたが、ここ数年、支配構造を維持している権力者同士のいがみ合いにより、情報のリークが頻繁になってきた。

その筆頭がウィキリークスであり、その背後にはロスチャイルドら欧州系金融資本家と、英国系の王侯貴族がいる。そのため、ウィキリークスによる暴露はアメリカとその背後にいる勢力を牽制し、攻撃する情報が中心となっている。

こうした混乱の背景にあるのは、闇の支配者同士の富を巡る騙し合いだ。金融工学という名のバクチで富を膨らませてきた彼らの仕組みに限界がきている。リーマンショックの際、リーマンブラザーズの会長リチャード・ファルドが、ゴールドマン・サックス出身のヘンリー・ポールソン財務長官に引導を渡されたように、誰かがババを引かなければ誰かが勝ち逃げすることもできない。

短命だったユーロという通貨

これまで世界を支配する権力は、大別するとイタリアのバチカン、ロンドンのシティ、ワシントンD.C.の三カ所に分かれていた。彼らは宗教、金融、暴力を駆使し、独立性を保った特権区域から、世界の流れをコントロールしてきた。しかし、石油ドル体制という金融と軍産複合体という暴力を組み合わせたロックフェラー、パパブッシュ一派の暴走によってバランスが崩れ、支配構造そのものに亀裂が生じてしまった。

その結果、イギリスの中央銀行（イングランド銀行）総裁が今の世界経済の状況について、「人類史上最大の金融危機である」との見解をメディアの前で明らかにするなど、最近では世界金融における「世紀末」的な発言が目立つようになっている。

誰もがババを引くことを避けるため、互いに騙し合い、富の取り合いを始め、支配構造がひどく弛み、終わりへ近づくプロセスにある。それが、今の世界の有り様だ。

ウォール街から始まった市民によるデモ行進は日に日に激しくなり、すでにアメリカ国内外の多くの都市へと飛び火し、今も拡大の一途を辿っている。このままいけば、権力階級への不満から確実に指導者不在の状態での暴動が始まるだろう。しかも、今回の場合は公に軍関係者もデモへ参加しているため、暴動へと発展してもそれを弾圧することは難しい。これらの出来事は長らく続いた世界権力構造の目に見える形で起こる崩壊劇の始まりにすぎない。

また、この原稿を書いている現段階ではまだユーロという通貨が存在しているが、二〇一二年中、ユーロは形を変えるだろう。ユーロの分裂ないしは崩壊を機に、同じく欧米支配階級の金融資本家と闇の支配者（とりわけ私がサバタイ派と呼んでいる勢力）主導のもとで機能してきた国連、ＩＭＦ、世界銀行、ＢＩＳなど、多くの国際機関のあり方が根本的に見直されることになる。

それに伴い、世界の新時代に向けた国際経済企画庁のような新しい国際機関も誕生する。こうした目に見える変化が始まれば、それは第一次世界大戦、第二次世界大戦、冷戦、ベトナム戦争、イラク侵略、偽テロ戦争などを次々と作り出してきた勢力が世界の権力構造から完全に失脚したことを意味している。

彼らが失脚した後には、今よりもずっと安定した平穏な世界が訪れるはずだ。これまで特権階級に集中していた富の再配分が始まり、戦争や資源略奪に使われてきた人類の力を世界の平和と発展のために利用できるようになる。貧困や環境破壊をなくすために年間一兆ドル以上の資金を使うことも可能になり、豊かな時代が始まるのだ。

しかし、目に見える変化が起こるまでにはもうしばらく時間が必要だ。季節が一巡、二巡する間、日本を含めた世界各地で金融戦争、政情不安、軍事的な緊張、水面下での富の奪い合いなどに伴う混乱がしばらく続くだろう。

だが、闇の支配者たちの支配構造からの解放へとつながる動きは静かに広がっている。新しい時代の到来は、そう遠い日の出来事ではない。私たちは孤立することなく団結し、絆を深めながら前進していくべきだ。

青春新書
INTELLIGENCE

こころ涌き立つ「知」の冒険

いまを生きる

"青春新書"は昭和三一年に――若い日に常にあなたの心の友として、その糧となり実になる多様な知恵が、生きる指標として勇気と力になり、すぐに役立つ――をモットーに創刊された。

そして昭和三八年、新しい時代の気運の中で、新書"プレイブックス"にその役目のバトンを渡した。「人生を自由自在に活動《プレイ》する」のキャッチコピーのもと――すべてのうっ積を吹きとばし、自由闊達な活動力を培養し、勇気と自信を生み出す最も楽しいシリーズ――となった。

いまや、私たちはバブル経済崩壊後の混沌とした価値観のただ中にいる。その価値観は常に未曾有の変貌を見せ、社会は少子高齢化し、地球規模の環境問題等は解決の兆しを見せない。私たちはあらゆる不安と懐疑に対峙している。

本シリーズ"青春新書インテリジェンス"はまさに、この時代の欲求によってプレイブックスから分化・刊行された。それは即ち、「心の中に自らの青春の輝きを失わない旺盛な知力、活力への欲求」に他ならない。応えるべきキャッチコピーは「こころ涌き立つ"知"の冒険」である。

予測のつかない時代にあって、一人ひとりの足元を照らし出すシリーズでありたいと願う。青春出版社は本年創業五〇周年を迎えた。これはひとえに長年に亘る多くの読者の熱いご支持の賜物である。社員一同深く感謝し、より一層世の中に希望と勇気の明るい光を放つ書籍を出版すべく、鋭意志すものである。

平成一七年

刊行者　小澤源太郎

著者紹介
ベンジャミン・フルフォード〈Benjamin Fulford〉
1961年カナダ生まれ。80年代に来日。上智大学比較文化学科を経て、カナダのブリwティィッシュ・コロンビア大学を卒業。その後再来日し、日経ウィークリー記者、米経済誌「フォーブス」アジア太平洋支局長などを経て、現在はフリーランスジャーナリスト、ノンフィクション作家として活躍中。2008年、日本に帰化し「古歩道ベンジャミン」となる。主な著書に『闇の支配者たちが仕掛けたドル崩壊の真実』『アメリカが隠し続ける金融危機の真実』(小社刊)、『図解　世界「闇の支配者」』(扶桑社)などがある。

仕組《しく》まれた円高《えんだか》
青春新書
INTELLIGENCE

2012年2月15日　第1刷
2012年3月10日　第3刷

著　者　ベンジャミン・フルフォード

発行者　小澤源太郎

責任編集　株式会社プライム涌光
電話　編集部　03(3203)2850

発行所　東京都新宿区若松町12番1号　〒162-0056　株式会社青春出版社
電話　営業部　03(3207)1916　振替番号　00190-7-98602

印刷・図書印刷　製本・ナショナル製本
ISBN978-4-413-04349-6